工商管理理论与实践研究

郭 峰 著

哈尔滨出版社

HARBIN PUBLISHING HOUSE

图书在版编目（CIP）数据

工商管理理论与实践研究／郭峰著. -- 哈尔滨：
哈尔滨出版社，2025.2. -- ISBN 978-7-5484-8407-3

Ⅰ. F203.9

中国国家版本馆 CIP 数据核字第 2025TE8295 号

书　　名：**工商管理理论与实践研究**
　　　　　GONGSHANG GUANLI LILUN YU SHIJIAN YANJIU

- -

作　　者：郭　峰　著
责任编辑：韩金华
封面设计：赵庆旸

- -

出版发行：哈尔滨出版社（Harbin Publishing House）
社　　址：哈尔滨市香坊区泰山路 82 - 9 号　　邮编：150090
经　　销：全国新华书店
印　　刷：北京鑫益晖印刷有限公司
网　　址：www. hrbcbs. com
E - mail：hrbcbs@yeah. net
编辑版权热线：（0451）87900271　87900272
销售热线：（0451）87900202　87900203

- -

开　　本：787mm×1092mm　1/16　印张：12　字数：222 千字
版　　次：2025 年 2 月第 1 版
印　　次：2025 年 2 月第 1 次印刷
书　　号：ISBN 978-7-5484-8407-3
定　　价：58.00 元

- -

凡购本社图书发现印装错误，请与本社印制部联系调换。

服务热线：（0451）87900279

前　言

在当今全球经济一体化加速推进、市场竞争越发激烈的宏大背景下，工商管理学作为一门对推动企业可持续发展、引领企业科学决策具有举足轻重地位的学科，其理论与实践的深度融合与相互促进，已然成为新时代赋予人们的一项紧迫而重要的课题。随着科技发展的日新月异和市场环境的瞬息万变，企业正面临着前所未有的复杂挑战与潜在机遇。如何在这纷繁复杂的市场环境中精准捕捉市场动态，制定出既具有前瞻性又切实可行的战略规划，实现资源的优化配置与高效利用，充分激发企业的创新活力，并在国际舞台上展现出强劲的竞争力，已成为每一位企业管理者、研究者，以及相关领域从业者必须深入思考与迫切解答的关键问题。

正是基于这样的时代背景和现实需求，我着手编纂了这本专注于工商管理理论与实践研究的图书。本书致力于成为一座连接理论与实践的桥梁，不仅全面覆盖了工商管理的核心领域，从宏观的企业战略管理布局，到微观的市场营销策略制定、财务管理实务操作，再到企业创新管理体系的构建，以及国际工商管理的前沿视角，都进行了深入细致的剖析与探讨。在撰写过程中，我始终坚持理论与实践相结合的原则，不仅系统阐述了工商管理的基本理论框架与核心原理，还通过大量鲜活的实践案例分析，生动展现了理论在实际工作中的具体应用路径与成效评估方法，旨在为读者构建一个既深厚扎实又灵活多变的知识体系，助力其在工商管理领域的学习与实践。

同时，我也认识到，工商管理理论与实践的发展是一个永无止境、不断进化的过程。尽管在编纂过程中力求全面、深入，但由于时间、篇幅的限制，以及工商管理领域本身所具备的快速迭代特性，书中难免存在疏漏与不足。因此，请广大读者不吝赐教，提出宝贵的意见与建议，共同推动工商管理理论与实践研究的不断深化与拓展。我坚信，通过集思广益、携手合作，自己能够为企业的持续成长和社会的繁荣进步贡献更多的智慧与力量。在探索与学习的征途上，我始终保持一颗谦逊、开放的心，期待与来自世界各地的同人并肩作战，共同开创工商管理领域的新篇章，书写属于我们的辉煌未来。

目 录

第一章

工商管理概述

第一节　工商管理的基本概念

一、工商行政管理

（一）工商行政管理概念的深入解析

工商行政管理，作为一个综合性的管理领域，其核心在于国家通过一系列行政和法律手段，旨在构建并维护一个健康、有序的市场经济环境。这一过程中，市场监督管理和行政执法机关发挥着至关重要的作用。它们不仅负责监控市场经营主体的行为，确保其合法合规，还负责调节市场关系，保障市场机制的顺畅运行。中华人民共和国国家市场监督管理总局，作为这一领域的最高职能部门，不仅承担着经济监督的重任，还负责行政执法工作，对全国工商行政管理系统进行统一领导和指导。它既是政府工作部门的重要组成部分，也是国家规范、引导经济和文化事务的关键力量。按照我国的行政区划，国家市场监督管理总局及其下属机构分级设立，形成了一个覆盖全国、层级分明的管理体系。其管理范围广泛，涵盖了消费者权益保护、市场规范管理、企业登记注册、外资登记管理、广告市场监管、个体私营经济监管、商标注册及评审等多个方面，为市场经济的健康发展提供了坚实的保障。

（二）工商行政管理主要职责的详细阐述

1. 工商行政管理在负责市场监督管理和行政执法工作的同时，还承担着起草相关法律法规草案、制定规章和政策的重要职责。这些法律法规和规章政策为工商行政管理工作提供了明确的指导和依据，确保了各项工作的规范性和有效性。

2. 在市场主体登记注册方面，工商行政管理负责各类企业、农民专业合作社以及从事经营活动的单位、个人和外国企业常驻代表机构的登记注册工作，并对其进行严格的监督管理。对于无照经营等违法行为，工商行政管理部门将依法进行查处和取缔，以维护市场的公平竞争秩序。

3. 工商行政管理还承担着规范和维护各类市场经营秩序的重要责任。这包括监督管理市场交易行为和网络商品交易及有关服务行为，确保市场交易的公平、公正和公开。同时，工商行政管理还负责处理市场纠纷，维护市场秩序的稳定。

4. 在流通领域商品质量和食品安全方面，工商行政管理承担着重要的监管职责。通过组织开展有关服务领域的消费维权工作，查处假冒伪劣等违法行为，保护消费者和经营者的合法权益。同时，工商行政管理还负责指导消费者咨询、申诉、举报、受理、处理和网络体系建设等工作，为消费者提供便捷、高效的维权渠道。

5. 对于违法直销和传销行为，工商行政管理将依法进行查处，并监督管理直销企业和直销员及其直销活动。这有助于维护市场的公平竞争环境，防止不法分子利用直销和传销进行非法获利活动。

6. 在反垄断执法方面，工商行政管理负责垄断协议、滥用市场支配地位、滥用行政权力排除限制竞争等方面的执法工作。通过依法查处不正当竞争、商业贿赂等经济违法行为，维护市场的公平竞争和健康发展。

7. 工商行政管理还负责监督管理经纪人、经纪机构及经纪活动，确保其在法律框架内开展业务活动，维护市场的正常秩序。

8. 在合同行政监督管理方面，工商行政管理负责管理动产抵押物登记、组织监督管理拍卖行为，并依法查处合同欺诈等违法行为。这有助于保护合同当事人的合法权益，保障市场交易的顺利进行。

9. 工商行政管理还负责指导广告业的发展，并对广告活动进行监督管理。通过规范广告市场秩序，打击虚假广告等违法行为，保护消费者的合法权益，促进广告业的健康发展。

10. 在商标注册和管理方面，工商行政管理负责商标的注册、管理和保护工作。通过依法保护商标专用权、查处商标侵权行为、处理商标争议事宜以及加强驰名商标的认定和保护工作，维护商标权利人的合法权益，促进品牌经济的发展。

11. 工商行政管理还负责特殊标志、官方标志的登记、备案和保护工作。

这有助于维护国家和社会公共利益，防止不法分子利用特殊标志和官方标志进行欺诈活动。

12. 在信用分类管理方面，工商行政管理组织指导企业、个体工商户、商品交易市场进行信用分类管理，并通过研究分析依法发布市场主体登记注册基础信息、商标注册信息等，为政府决策和社会公众提供准确、及时的信息服务。

13. 对于个体工商户和私营企业的经营行为，工商行政管理将提供全方位的服务和监督管理。通过引导其合法经营、规范发展，促进个体私营经济的繁荣和发展。

14. 工商行政管理还积极开展国际合作与交流，借鉴国际先进经验和管理模式，提升我国工商行政管理的水平和影响力。

15. 作为全国工商行政管理业务工作的领导机构，工商行政管理还负责领导全国工商行政管理系统的工作，确保其各项工作的顺利开展和有效实施。同时，工商行政管理还承办国务院交办的其他事项，为国家的经济发展和社会进步贡献自己的力量。

二、工商企业的基本概念

（一）工商企业的基本概念与分类

工商企业，作为社会经济发展的重要支柱，是专门从事生产、流通、服务等经济活动，旨在通过其生产的产品或提供的服务来满足社会的多元化需求。这些企业以自主经营、独立核算为基础，依法设立并追求营利目标，构成了商品经济中不可或缺的经济组织单元。简而言之，工商企业是依法成立、以盈利为核心目的，独立进行商品生产经营和服务活动的经济组织。在商品经济的广阔舞台上，企业作为多种组织模式的一种，遵循特定的组织规律构建而成，它们不仅以营利为直接目标，更承载着实现投资人、客户、员工及社会大众利益最大化的崇高使命，通过提供高质量的产品或优质的服务来换取经济收入。企业的诞生与发展是社会分工不断细化的必然产物，它们随着社会的进步而不断成长壮大。

工商企业的分类方式多样且细致，体现了其丰富性和多样性。从投资人的出资方式和责任形式来看，企业可被划分为公司制企业和非公司制企业两大类，其中合伙制企业、个人独资企业以及个体工商户等归属于非公司制企业的范畴。根据投资者的国籍或地区差异，企业又可区分为内资企业、外商投资企业以及我国港、澳、台商投资企业等类型。从所有制结构的角度出发，企业则能进一步细分为全民所有制企业、集体所有制企业和私营企业。此外，依据股东对公司债务承担的责任程度，企业还能被划分为无限责任公司、有限责任公司和股份有限公司。在企业管理隶属关系上，母公司与子公司的划分揭示了企业间的层级与控制关系。而按照企业规模的大小，又可将其分为大型企业、中型企业和小型企业。最后，根据经济部门或行业的不同，企业还能被归类为工业企业、商业企业、金融企业、农业企业、服务企业、交通运输企业、建筑企业以及邮电通信企业等多个类别。

随着时代的变迁，企业的形态也在不断地演变。传统的企业往往以劳动密集型为主，而现代的高科技企业则更多地依赖于知识创新和智力资本，中国正处在这一转型的关键时期，企业正逐步向知识经济迈进。步入信息时代后，企业面临着前所未有的挑战与机遇。一方面，企业需要利用信息技术来强化内部管理、优化生产流程和提升经营效率，通过技术手段来提高生产力和管理水平，从而创造更多的经济效益；另一方面，信息时代的到来也催生了一系列新型信息化网络企业，如软件设计与开发、游戏开发、系统集成、网络工程、企业信息化解决方案提供、网站设计与开发、网页制作、电子商务平台建设、通信系统开发集成、自动化控制系统开发与集成、自动化工程项目实施、软件销售、技术支持与服务、技术培训等，这些新兴领域不仅丰富了企业的形态，也为社会经济的发展注入了新的活力。

（二）工商企业组织形式

根据市场经济的基本原则和运作机制，现代企业的组织形式呈现出多样化的特点，这些形式主要依据财产的组织方式以及所需承担的法律责任来进行划分。在全球范围内，独资企业、合伙企业和公司企业是三种最为典型的企业组织形式。

独资企业，常被称作"单人业主制"，是由个人全额出资并独立经营的企业。这类企业在法律允许的框架内享有极高的自由度，业主可以自主决定员工数量、贷款规模等关键经营事项。盈利后，在依法纳税后，剩余利润完全由业主支配；而若经营不善导致亏损或产生债务，则全部由业主的个人资产来承担清偿责任。在我国，众多个体户和私营企业便属于这一类别。

合伙企业则是由多人（可能是几人、几十人乃至几百人）联合出资、共同创立的企业。它与公司企业显著不同，所有权与管理权并未分离，而是基于合同或协议组织起来，因此其结构相对较为松散且不稳定。在合伙企业中，所有合伙人对企业的全部债务均负有无限责任。虽然合伙企业在决策上不如独资企业自由，通常需要合伙人集体商议，但其规模优势却不容忽视。

这两类企业均属于自然人企业的范畴，出资者需对企业承担无限责任。

相比之下，公司企业则实现了所有权与管理权的分离，出资者仅按其出资额对公司承担有限责任。公司企业主要分为有限责任公司和股份有限公司两种形式。有限责任公司由数量有限的股东集资组建，不发行股票，其资本无须等额划分，股东在转让股权时也会受到一定限制。在这类公司中，董事和高层管理人员往往也是股东，因此所有权与管理权的分离程度相对较低。有限责任公司的财务状况无须公开，其设立与解散程序相对简单，管理机构也较为精简，非常适合中小型企业。

而股份有限公司则是将全部资本等额划分，通过发行股票来筹集资金的企业。这类公司既包括在证券市场上市的公司，也包括非上市公司。股东一旦认购股票，便不能随意退股，但可以通过证券市场进行股票转让。股份有限公司的优势在于能够迅速筹集大量资金，助力资本密集型企业的快速成立。同时，股份有限公司的经营状况置于公众监督之下，提高了透明度。然而，其创办与歇业程序相对复杂，所有权与管理权的分离也可能带来协调上的问题。此外，由于需要公开披露经营信息，公司商业秘密的保护难度增加。这种组织形式更适合大中型企业。

公司企业作为法人企业的一种，其出资者以出资额为限承担有限责任，是现代企业组织中的重要形式。它凭借资金筹集广泛、投资风险有限、组织制度科学等优势，在现代企业组织形式中占据了典型和代表性的地位。

随着我国社会主义市场经济体制的不断完善以及世界经济一体化进程的加速推进，公司企业正逐渐成为我国企业组织形式的主体。为了扩大规模、拓展市场，公司企业会不断进行再投资，并设立众多分支机构。这些分支机构与公司企业之间的关系是受控与所属的关系，据此可分为母子公司与总分公司两种形式。如果新设立的企业是原公司企业的所属部分，则构成总公司与分公司的关系；如果新企业是由原公司控制但并非所属，则形成母公司与子公司的关系。区分这两者的关键在于新企业与原企业是否为同一法人主体。通常而言，分公司作为总公司的派出机构，与总公司共享同一法人实体身份，因此适用汇总纳税等税收规定。而母公司虽然对子公司拥有一定的控制权（可能是通过持有股权实现），但在法律上它们被视为两个独立的法人实体，因此不能享受汇总纳税等税收优惠。不同国家对于母子公司的认定标准可能有所不同，有的国家以持股比例（如50%以上）为判断依据，有的国家则更注重实际控制关系。而税收协定中对于母子企业的认定则更侧重于"直接或间接控制另一企业的生产经营"这一实质标准。

不同的企业组织形式会对其税负水平产生直接影响，因此投资者在组建企业或设立分支机构时，必须充分考虑这一因素。以公司企业与合伙企业的对比为例，多数国家对公司和合伙企业实行差异化的纳税政策。公司的营业利润需先缴纳公司税，税后利润作为股息分配给投资者时，投资者还需缴纳个人所得税。而合伙企业则无须缴纳公司税，只需对合伙人分得的收益征收个人所得税。面对公司税负重于合伙企业的情况，投资者可能会倾向于选择成立合伙企业以降低税负。当然，企业组织形式的选择并非仅由税收因素决定，还需综合考虑其他诸如经营灵活性、管理成本、融资能力等多方面的因素。

在子公司与分公司的选择上，由于各国税负水平存在差异，一些低税国或地区可能对具有独立法人地位的企业提供更为优惠的税收待遇（如免税或低税率），并与其他国家签订税收协定以减少或免除预提税。因此，跨国纳税人往往倾向于在这些地区设立子公司或分公司以规避高税负。然而，子公司与分公司在税负上仍存在细微差别，这就要求企业在海外投资时必须仔细权衡两者的利弊。子公司是相对于母公司而言的独立法人实体，而分公司则是总公司的附属机构。不同国家对于公司法人和分公司在税收上的规定可能有所不同，包括税率、税收优惠政策等方面均可能存在差异。因此，企业在选择海外投资形式时，必须充分考虑目标国家的税收政策及其对企业税负的影响。

三、工商企业存在的本质

（一）企业本质的深度剖析

企业的本质，这一命题触及了经济学与管理学的核心。企业为何存在？其存在的根基何在？从经济学的视角来看，企业被视为生产活动的一种高效组织形式，它在某种程度上是对市场机制的一种补充乃至替代。为了更直观地理解这一点，我们可以构想两种极端的场景。在一种极端情境下，每一项生产任务均由单个个体独立完成，比如一个人从头至尾制造一辆汽车，这显然是不切实际的。这样的个体需要与众多中间产品供应商进行烦琐的交易，同时还要与最终产品的消费者进行交易，交易过程复杂且效率低下。而在另一种极端情境下，所有的生产活动都被整合到一个庞大的企业内部进行，比如一辆完整的汽车完全在这个企业内部被生产制造出来，无须通过市场进行任何中间环节的交易。这两种极端情况对比鲜明，揭示了交易既可以通过市场机制来实现，也可以通过企业内部组织来实现。企业与市场并存的现象，其根源在于不同交易方式下的成本差异：某些交易在企业内部进行成本更低，而另一些交易则在市场上进行更为经济。

（二）市场配置与企业配置资源的优势对比

市场与企业作为资源配置的两种主要方式，各自拥有独特的优势。

市场配置资源的优势主要体现在以下几个方面：首先，当大量厂商从少数供应商处采购时，这有助于供应商实现规模经济，降低生产成本。其次，中间产品供应商之间的激烈市场竞争，迫使他们不断优化生产流程，降低成本以保持竞争力。最后，当少数供应商面对众多需求者时，这种供需结构有助于供应商稳定销售额，减少因需求波动带来的风险。

相比之下，企业配置资源的优势则体现在以下几个方面：首先，企业在市场上购买中间产品时，需要承担一定的交易成本，包括寻找供应商、签订合同、监督执行等费用。如果企业能够内部生产部分中间产品，就能有效减少这些交易成本，并确保产品质量。其次，对于某些特殊类型的专门化设备，由于市场需求有限，供应商往往不愿进行专有化投资。此时，企业自行研发和生产这些设备成为更优选择。最后，企业雇佣具有专业技能的员工，如产品设计师、成本管理员、质量控制员等，并与他们建立长期稳定的契约关系，这比从外部购买相应服务更具成本效益，有助于降低交易成本。

经济学家进一步分析指出，市场与企业之间交易成本差异的主要原因在于信息的不完全性。由于信息不对称，交易双方都需要投入资源去收集信息、监督对方行为并防范违约风险。这些活动都会产生交易成本。而市场与企业作为两种不同的交易组织形式，在处理这些问题时采取的方式和产生的成本各不相同。特别是在信息严重不对称的情况下，市场交易中的交易成本往往高昂。因此，企业通过内部化部分市场交易，能够有效降低这些高昂的交易成本。

然而，企业内部交易虽然能够降低部分市场交易成本，但同时也带来了企业特有的交易成本。这些成本同样源于信息的不完全性。具体来说，企业内部存在复杂的契约关系，如企业与员工、企业与管理者之间的契约。企业需要监督员工的工作表现，激励他们为企业贡献价值。这涉及契约的签订、监督与激励机制的建立和实施，都会产生一定的成本。此外，随着企业规模的扩大，信息传递的层次增多，信息在传递过程中容易被扭曲，导致企业决策效率低下。最后，员工可能出于个人利益考虑，向上级隐瞒或传递错误信息，或者只执行对自己有利的决策部分，这些行为都会损害企业效率和利益。因此，企业的扩张并非无限制的。根据科斯的理论，企业的规模应该扩张到这样一个点：即再增加一次内部交易所花费的成本与通过市场进行交易所花费的成本相等时为止。这一点是企业规模优化的关键所在。

四、工商企业的作用与特点

（一）企业的作用

企业在社会经济中扮演着举足轻重的角色，其作用主要体现在以下几个方面：①企业作为国民经济的细胞，是市场经济活动的核心参与者和推动者，它们通过生产、销售、服务等环节，直接参与市场交换，促进资源的优化配置和经济的繁荣发展。②企业不仅是社会生产和流通的直接承担者，更是创造社会财富、满足人们日益增长物质文化需求的重要力量。它们通过技术创新、产品升级和市场拓展，不断推动产业升级和结构调整，为经济社会的持续健康发展提供有力支撑。③企业还是推动社会经济技术进步的主要力量。在激烈的市场竞争中，企业为了保持竞争优势，必须不断加大研发投入，引进先进技术和管理经验，提升自主创新能力，从而推动整个社会的科技进步和产业升级。

企业对整个社会经济的发展与进步具有不可替代的作用。企业素质的高低、是否适应市场经济发展的要求，不仅直接关系到企业自身的发展壮大，更影响着国民经济状况的好坏和社会的长治久安。因此，我们必须高度重视企业的培育和发展，为企业创造更加宽松、公平的市场环境，激发企业的创新活力，推动经济社会持续健康发展。

随着时代的发展和形势的变化，传统意义上的企业概念已经逐渐消亡。无论是从企业的形态还是本质上看，我们都需要突破传统概念上的企业定义的思维定式，以更加开放、包容的心态去理解和接纳新兴的企业形态和运营模式。

（二）企业的特点

有关学者对当前企业的特点进行了深入总结，主要体现在几个方面。

第一，企业的契约性。企业是一个由各种契约关系构成的组织。这些契约包括法律契约、行为契约、心理契约等，它们贯穿于企业运营管理的各个环节，构成了企业内部的规则体系和行为准则。

第二，企业的市场性。随着市场经济的深入发展，企业已经逐渐从过去的契约性组织转变为市场性组织。企业不再仅仅对上级负责，而是要对市场负责，通过满足市场需求来获取利润。市场化程度的高低直接决定了企业的盈利能力，因此企业必须不断提升自身的市场竞争力。

第三，企业的学习性。在现代社会，企业已经不仅仅是制造产品的组织，更是制造思想的组织。企业内部存在着两条价值链：一是意识价值链，由信息、知识到能力，再到思想；二是物质形态价值链。企业必须不断学习新知识、新技术，提升员工的综合素质和创新能力，才能在激烈的市场竞争中立于不败之地。

第四，企业的虚拟性。随着信息技术的飞速发展和全球化的深入推进，企业逐渐向虚拟化组织方向发展。虚拟生产、虚拟营销、虚拟运输、虚拟分配等新型企业模式不断涌现，使得企业能够在更大范围内整合资源、降低成本、提高效率。

第五，企业的模糊性。企业的另一个发展趋势是向无边界组织发展。过去企业被认为是有明确边界的实体，但现在随着市场环境的变化和企业战略的需要，企业的边界逐渐变得模糊。这种模糊性不仅体现在企业的物理边界上，更体现在企业的业务边界、组织边界和文化边界等方面。这种模糊性为企业带来了更大的灵活性和适应性，使其能够更好地应对市场变化和挑战。

第六，企业的系统性。企业是一个系统性的组织，它由多个相互关联、相互作用的子系统构成。现代企业必须注重系统性运作，将产品和服务与企业的保障系统紧密结合，形成完整的价值链和生态系统。只有这样，企业才能具备持续竞争力，实现可持续发展。

第七，企业的网络性。在全球化背景下，企业逐渐发展成为网络化组织。价值链组织已经无法满足企业的需求，企业需要成为网络组织中的链主或网主，对价值链进行整合和运作。这样，企业就能形成一个联合体，共同应对市场挑战和机遇。对于中国企业来说，融入更大的、更多的价值网络是提升竞争力的重要途径。

第八，企业的全球性。随着全球化的深入推进，企业逐渐成为全球性组织。新木桶理论的出现使得企业不再局限于补齐短板，而是专注于发挥自身优势。每个企业都根据自己的全球定位，专注于自己擅长的领域，通过全球集成和协作，实现资源的优化配置和效率的最大化。最终，企业将融入全球化过程中，成为全球化组织的一员。

第九，企业的体系性。企业是体系性的组织，它需要将各个子系统和要素有机整合在一起，形成一个协同作战的整体。通过打造完善的体系，企业能够使平凡的人做出不平凡的事。即使个体能力有限，但在体系的支撑下，也能发挥出巨大的潜力。这种体系性的管理方式不仅使管理达到最高境界——没有管理（自我管理、自主管理），还使战略达到最高境界——没有战略（战略融入日常运营中，成为企业的自觉行动）。

第十，企业的诚信性。诚信是企业运营过程中最重要的品质之一，它是企业的社会责任和道德基本要求。诚信不仅关乎企业的声誉和形象，更关乎企业的生存和发展。一个诚信的企业能够赢得客户的信任和忠诚度，从而在市场竞争中占据优势地位。因此，企业必须始终坚持诚信经营的原则，不断提升自身的诚信水平和社会责任感。

五、工商管理的发展

（一）工商管理的发展特点

当代工商管理的发展呈现出四大鲜明特点，这些特点不仅反映了时代变迁对企业管理的深刻影响，也预示着未来企业管理的新趋势。

首先，知识管理已跃升到企业管理的核心地位。随着现代信息技术革命的蓬勃兴起，发达国家的工商企业管理正经历着前所未有的变革。这一变革的显著标志是，知识资本逐渐取代了金融资本等传统生产要素，成为推动企业活力和创造效益的关键力量。知识管理的实施，不仅仅促进了企业职员的有效参与和知识共享机制的建立，如美国通用电气、可口可乐等知名企业纷纷设立知识总监职位，以加强知识资本的管理和共享。而且，知识资本的共享还加强了企业间的协作，使得企业间的交互更加广泛和频繁，市场边界得以拓宽，为企业带来了更多新的市场机遇。同时，这也改变了企业竞争的方式和实质，由单纯的市场竞争演变为"竞合"模式，即企业在竞争中寻求合作，共同推动行业发展。知识资本型企业管理模式的兴起，无疑催生了全新的企业管理理念和管理模式。

其次，模糊经营管理模式正迅速发展壮大。随着商品开发商、生产制造商、经销商、零售商之间界限的日益模糊，企业的经营模式也呈现出模糊化的趋势。计算机技术的飞速发展并在工商企业管理中的广泛应用，使得开发商和制造商能够迅速进入终端市场，直接面对消费者。这种变化不仅推动了企业经营管理理念和管理模式的创新，还催生了以物流为手段的营销策略和物流管理商的出现。物流管理商承担了工商企业经营管理中的后勤工作，负责商品储存和运送，从而实现了"即时生产"和"无库存经营"的理念与实践模式。此外，模糊经营模式还体现在商家与消费者角色的模糊化上，如仓储式开架经营的普及，让消费者能够主动参与企业活动，体验经营理念和模式。

再次，企业价值的重新发现和学习型企业的崛起成为新的趋势。企业的持续发展取决于其内在价值。过去，无论是学术研究还是企业实践，多数企业都将"利润最大化"作为企业的终极目标。然而，随着社会的进步和企业价值的深入挖掘，工商企业界逐渐认识到，"利润最大化"只是企业的财务目标或短期目标，而非长远目标。学习型组织作为企业发展的动力源，已成为当今世界最前沿的管理理论之一。未来成功的企业必然是学习型企业，它们能够不断创新、提升企业和员工价值，充分发挥人力资源和知识资本的作用，实现企业、客户和社会的共同满意。学习型组织已成为国内外企业管理界热议的话题，通用公司原总裁韦尔奇曾深刻指出，企业的最终竞争优势在于其学习能力和将知识迅速转化为行动的能力，而发展的动力正源于学习。

最后，企业经营管理正逐步走向国际化。在现代社会，工商企业管理的理念呈现出开放性的国际化趋势。随着现代交通技术手段和通信网络技术设备的飞速发展，世界经济日益一体化，市场和企业管理的国界变得愈发模糊。成功的企业管理者深刻认识到这一市场态势，纷纷将企业经营管理置于国际环境中进行考虑和布局。他们积极寻求国际合作和参与国际竞争，不断拓展海外市场，提升企业的国际竞争力。这一趋势不仅体现了企业管理理念的国际化，也反映了全球经济一体化的深刻影响。

（二）工商管理的发展趋势

工商管理作为经济与管理领域的重要学科，其发展趋势呈现多元化、综合化的特点，具体表现为以下几个方面。

①科技融合深化：随着科学技术的迅猛发展，特别是大数据、云计算、人工智能等现代信息技术的广泛应用，工商管理将更加注重现代数学方法、信息处理及通信技术的融合。这些技术的应用将极大地提升工商管理的效率和准确性，助力企业实现智能化决策和精细化管理。

②国际化趋势显著：在经济全球化的背景下，工商管理学科的国际化趋势日益明显。这不仅体现在工商管理理论与实践的国际交流日益频繁，还体现在工商管理人才的培养上更加注重国际视野和跨文化沟通能力。未来，工商管理将更加注重全球市场的分析、国际规则的掌握以及跨国经营策略的制定。

③人文社科融合加强：随着我国法治建设和社会文化的不断发展，工商管理学与人文社会科学的结合将更加紧密。工商管理将更加注重企业社会责任、企业文化、员工激励等人文因素对企业经营的影响，推动工商管理向更加人性化、社会化的方向发展。

④学科交叉融合加速：随着学科的综合、交叉发展，工商管理学的各个分支学科之间及与其他相关学科之间的界限将更加模糊，相互渗透和融合将成为

常态。例如，工商管理将与管理科学、经济学、心理学、社会学等多个学科进行深度交叉融合，形成更加综合、全面的管理理论体系。

在现代经济社会中，管理与科学、技术共同构成了经济发展的三大支柱。工商管理学作为管理学门类中实践性最强、覆盖面最宽的一级学科，其面向的是经济中最主要、最广泛的工商领域。作为经济科学、管理科学、人文科学、自然科学、工程技术相互结合和渗透的产物，工商管理学的发展不仅推动了经济、管理学科的发展，也为社会经济的繁荣和进步做出了重要贡献。

管理科学与工程相比，工商管理的研究更加密切地结合了企业管理实践。工商管理专业在经历了我国多次经营主体的体制改革的同时，不断与时俱进，发展壮大。无论是国内还是国外，无论是实践活动还是理论研究，工商管理学都呈现出不断创新的发展趋势。这种发展趋势对工商管理专业建设与学科教育提出了新的要求，也带来了新的挑战。因此，不断改革、创新工商管理学科教育，培养具备国际视野、创新精神和实践能力的现代化工商管理人才显得尤为重要。

第二节　工商管理的基本职能

一、管理职能的概述与重要性

管理职能作为管理过程的核心组成部分，通常被划分为几个相对独立但又相互关联的部分。这种划分并非意味着各管理职能之间截然分开、互不干涉，而是为了更好地理解和研究管理活动以及在实际管理工作中实现更高效管理。管理职能的划分在理论上有助于清晰地描绘出管理活动的全貌，为管理教学提供有力的支撑；在实践上，则有助于管理者实现管理活动的专业化，提升管理效率，同时根据管理职能来构建或优化组织结构，明确组织内部的权责关系以及确定管理人员的人数、素质、专业背景等关键要素。

管理职能之间的关系主要体现在两个方面：一是它们之间存在着内在的逻辑关系，共同构成了管理活动的完整框架；二是这些职能在实际操作中往往相互融合、相互渗透，难以完全分割。

具体来说，管理职能包括以下几个基本内容。

1. 计划职能

这是对未来活动进行预先谋划的过程，涉及研究活动条件、进行决策以及编制详细的计划。计划职能是管理活动的起点，为后续的组织、领导和控制提供了明确的方向和目标。

2. 组织职能

为了实现组织目标，组织职能负责规定每个组织成员在工作中的合理分工和协作关系。这包括设计组织结构、人员配备、组织运行以及组织监督等方面，确保组织能够高效、有序地运作。

3. 领导职能

领导职能是管理者利用组织赋予的权力，通过指挥、影响和激励组织成员，使他们为实现组织目标而努力工作的过程。领导职能的有效发挥能够激发团队成员的积极性和创造力，推动组织目标的实现。

4. 控制职能

控制职能是确保组织各部门、各环节能够按照预定要求运作，从而实现组织目标的一项管理工作。它涉及拟定标准、寻找偏差以及下达纠偏指令等步骤，确保组织活动始终沿着正确的方向前进。

二、计划决策：计划工作的内涵与程序

（一）计划工作的广义与狭义之分

计划工作作为管理职能的重要组成部分，具有广义和狭义之分。广义的计划工作涵盖了从计划制订到执行再到检查的整个生命周期，是一个系统性的工作过程。它要求明确目标、详细制订计划、分配资源、监督执行进度以及进行最终的检查与评估，确保计划的有效实施和目标的顺利达成。而狭义的计划工作则更专注于计划的制订阶段，要求根据组织的内外部环境，综合考虑各种因素，通过科学的方法和工具进行深入调查预测，制订具体、可行的目标，并规划出实现这些目标的有效路径和方法。

（二）计划工作的详细程序

1. 估量机会

在计划工作开始之前，首先需要对未来可能出现的机会进行估量。这包括评估自身的优势和劣势，明确所处的市场地位以及识别面临的不确定性因素和潜在风险。同时，还需要对可能取得的成果进行机会成本分析，为后续的决策提供依据。

2. 确定目标

在估量机会的基础上，明确整个企业的目标以及各个下属工作单位的目标，同时确定长期和短期的目标。这些目标应该具体、可衡量、可实现、相关且有时间限制，为计划工作的后续步骤提供明确的方向。

3. 确定计划的前提

研究分析和确定计划工作的环境，即预测执行计划时可能面临的外部环境和内部条件。这需要对关键性、战略性的影响因素进行深入分析和预测，为计划的制订提供可靠的基础。

4. 制定可供选择的方案

在明确目标的前提下，制定多个可供选择的方案。这一步骤的关键在于减少可供选择方案的数量，以便对最有希望的方案进行深入分析。这可以通过初步筛选、评估和优化等步骤来实现。

5. 评价各种方案

对制定出的各种方案进行全面的评价，明确它们的优缺点和潜在风险。这需要根据前提和目标，权衡各方案的利弊得失，为后续的决策提供有力的支持。

6. 选择方案

在评价各种方案的基础上，选择最优的方案作为实施计划。如果同时存在两个或更多可取的方案，需要综合考虑各种因素，确定首选方案，并将其他方案作为后备方案进行细化和完善。

7. 制订派生计划

根据选择的总体方案，制订具体的派生计划。这些派生计划是总体方案的细化和补充，为计划的实施提供了更加具体的指导和支持。

8. 用预算形式使计划数字化

最后，将计划转化为预算形式，使之数字化。预算是资源的数量分配计划，它既是汇总各种计划的工具，也是衡量计划工作完成进度的重要标准。通过预算的制定和执行，可以确保计划的顺利实施和资源的有效利用。

（三）决策

决策，作为管理活动的核心环节，是指为了达到既定的目标，在多个可行的方案中进行比较分析，最终选择一个最为合理的方案的过程。决策不仅关乎组织的未来走向，更是行动的重要基石，其特点鲜明且多样，具体表现在以下几个方面。

①超前性，这是决策最为显著的特征之一。决策总是面向未来的，它旨在解决当前及未来可能出现的问题，为组织的行动提供明确的指导和方向。决策的超前性要求决策者具备前瞻性的思维，能够预见未来的变化，并据此制定合适的策略。

②目标性，决策总是围绕特定的目标展开。只有当组织面临需要解决的问题时，决策才会被提出。这些目标可能是提高生产效率、拓展市场份额、优化资源配置等，它们共同构成了决策的动力和依据。

③选择性，决策的本质在于选择。在决策过程中，决策者需要面对多个备选方案，并通过比较评估，选择出最优的方案。这种选择性要求决策者具备全面的信息、敏锐的洞察力和准确的判断力。

④可行性，决策所提出的方案必须切实可行。这意味着方案不仅要能够解决预定的问题，实现预定的目标，还要具备实施的条件，如技术可行性、经济可行性等。同时，方案的影响因素和效果也需要进行定性和定量的分析，以确保其可行性和有效性。

⑤过程性，决策并非一蹴而就，而是一个多阶段、多步骤的分析判断过程。从问题的提出、方案的制定，到方案的评估、选择和实施，每一个环节都需要决策者投入大量的时间和精力。决策的过程性要求决策者具备系统思考的能力，能够全面、深入地分析问题的本质和规律。

⑥科学性，科学决策是决策的最高境界。它要求决策者能够透过现象看本

质，把握事物发展的规律性，做出符合事物发展规律的决策。这需要决策者具备丰富的知识储备、严谨的逻辑思维和敏锐的洞察力，以确保决策的科学性和合理性。

决策在管理中的地位和作用不容小觑。首先，决策是决定组织管理工作成败的关键。一个组织的管理成效如何，很大程度上取决于决策的正确与否。正确的决策能够提升组织的管理效率和经济效益，推动组织的繁荣发展；而错误的决策则可能导致一切努力付诸东流，甚至给组织带来灾难性的损失。

其次，决策是实施各项管理职能的保证。在组织的管理过程中，无论是计划、组织、领导还是控制等职能的发挥，都离不开决策的支撑。没有正确的决策作为指导，各项管理职能将难以有效发挥作用，组织的整体运营也将受到严重影响。

决策根据不同的内容，可以划分为多种类型。按决策的重要程度划分，可分为战略决策、战术决策和业务决策。战略决策关乎组织的整体发展和长远规划，主要由高层领导负责；战术决策则侧重于实现战略目标的具体策略和方法，主要由中层领导负责；而业务决策则涉及日常运营中的具体问题，主要由基层管理者负责。

按决策的重复程度划分，可分为程序化决策和非程序化决策。程序化决策是指那些经常重复发生、可以按照既定程序和标准进行处理的决策；而非程序化决策则是指那些具有极大偶然性、随机性且无先例可循的决策，这类决策需要决策者具备较高的灵活性和创新能力。

最后，按决策的可靠程度分类，可分为确定型决策、风险型决策和不确定型决策。确定型决策是在已知条件下进行的决策，其结果相对明确；风险型决策则是在部分条件已知但结果具有不确定性的情况下进行的决策；而不确定型决策则是在条件完全未知或难以预测的情况下进行的决策，这类决策需要决策者具备较高的风险承受能力和决策智慧。

三、目标管理的深入解析与实践步骤

目标管理是企业管理中的一种重要方法，它强调以目标为导向，通过建立、分解、控制、评定目标来推动企业的持续发展。以下是目标管理的详细实施步骤。

1. 目标建立

这是目标管理的起点，也是确保整个管理过程有效实施的关键。在建立目标时，企业首先要明确自身的目的和宗旨，这是企业存在的根本和发展的方向。然后，结合企业内部和外部环境的实际情况，制定出具体、可衡量、可实现、相关且有时间限制的工作目标。这些目标应该既具有挑战性，又符合企业的实际能力，能够激发员工的积极性和创造力。

2. 目标分解

为了确保企业总目标能够得到有效实现，需要将之分解成各部门的分目标和个人目标。这一步骤的关键在于确保每个员工都能明确自己在实现总目标中所扮演的角色和应承担的责任。通过层层分解，形成目标连锁体系，使企业的每个层级、每个部门、每个员工都紧密地围绕总目标展开工作。

3. 目标控制

在目标实施过程中，企业管理者需要密切关注目标的执行情况，及时发现并解决问题。这包括建立有效的监控机制，定期收集和分析数据，评估目标完成的进度和质量。当发现目标执行出现偏差时，应及时采取措施进行纠正，必要时还可以根据环境的变化对目标进行适度的调整。

4. 目标评定

目标管理注重结果导向，因此在目标完成后，需要对各部门和个人的目标完成情况进行评定。这包括自我评定、群众评议和领导评审等多个环节，通过多方面的评价来确保评定的公正性和准确性。评定结果不仅用于奖优罚劣，更重要的是要及时总结目标执行过程中的经验教训，为下一个目标管理过程提供有益的借鉴。

四、组织的全面剖析与类型划分

（一）组织的含义与双重理解

在管理学中，组织是一个具有多重含义的概念。从静态角度来看，组织指的是组织结构，它是人、职位、任务以及它们之间特定关系的网络。这个网络通过部门和层次的划分，明确了分工的范围、程度以及相互之间的协调配合关系，为企业的有序运营提供了框架体系。而从动态角度来看，组织则是指维持与变革组织结构的过程，旨在通过组织机构的建立与调整，将生产经营活动的各个要素和环节科学地组织起来，形成大于个人和小集体功能简单加总的整体职能。

（二）组织的类型与特点

组织可以根据不同的标准进行分类，但最常见的划分是正式组织与非正式组织。正式组织是组织中体现组织目标所规定的成员之间职责的组织体系，它具有明确的结构、职责和权限划分，是企业管理中的基础。在正式组织中，成员之间保持着形式上的协作关系，以完成企业目标为行动的出发点和归宿点。相比之下，非正式组织则是在共同的工作中自发产生的，具有共同情感的团体。它不受正式组织结构的束缚，更多地基于成员之间的情感联系和共同兴趣而形成。非正式组织在企业管理中同样发挥着重要作用，它可以促进成员之间的沟通和协作，增强团队的凝聚力和向心力。但同时也需要注意其可能带来的负面影响，如小团体主义、信息传递不畅等。因此，在企业管理中应正确引导和利用非正式组织的力量，使其与正式组织相互补充、相互促进。

（二）划分组织部门的原则

1. 目标任务原则

企业组织设计的核心目标在于实现企业的战略任务和经营目标。这一原则要求，组织结构的所有设计工作都必须紧密围绕企业的总体战略和具体目标展开，确保每个部门、每个岗位的设置都能直接或间接地服务于这些目标的实现。组织结构的设计不仅要考虑当前的需求，还要预见未来的发展趋势，确保组织能够灵活应对未来的挑战。

2. 责、权、利相结合的原则

责任、权力和利益是组织管理中不可或缺的三个要素，它们之间相互依存、相互制约。权力的赋予应基于责任的明确，确保权力拥有者在行使权力时能够承担起相应的责任。同时，责任的存在也是对权力的一种约束，防止权力被滥用。而利益则是激励管理者积极承担责任、有效行使权力的关键。合理的利益分配机制能够激发管理者的积极性和创造力，促进组织目标的实现。

3. 分工协作原则及精干高效原则

组织内部的分工协作是提高工作效率和专业化水平的重要途径。通过合理的分工，将复杂的工作分解成若干简单、专业的任务，由不同的部门或岗位负责完成。同时，各部门之间又需要加强协作和配合，确保各项工作的顺利推进和整体目标的实现。在分工的基础上，还应追求组织的精干高效，避免机构臃肿、人浮于事的现象发生。

4. 管理幅度原则

管理幅度是指一个管理者能够直接有效管理的下属数量。这一原则要求，在设定管理层次和确定管理幅度时，应充分考虑管理者的个人能力、经验以及组织的实际情况。合理的管理幅度能够确保管理者有足够的时间和精力去关注每个下属的工作情况，提供有效的指导和支持。同时，管理幅度的大小也直接影响到管理层次的多少，两者之间存在反比关系。

5. 统一指挥原则和权力制衡原则

统一指挥原则要求，对于任何一项工作，一个下属只能接受一个上级的指挥和命令，以避免多头领导、指令冲突的情况发生。而权力制衡原则则强调，无论哪个层级的领导者，其权力的行使都必须受到有效的监督和制约。通过建立健全的监督机制，及时发现并纠正权力滥用、损害组织利益的行为，确保组织的健康稳定发展。

6. 集权与分权相结合的原则

集权与分权是组织管理中两个相对立但又相互补充的概念。集权能够确保组织的统一领导和指挥，有利于资源的合理配置和高效利用；而分权则能够调动下级的积极性和主动性，促进创新和变革。在进行组织设计或调整时，应根据组织的实际情况和发展需求，合理平衡集权与分权的关系，既保证组织的整体协调性和稳定性，又激发下级的创造力和活力。

五、人员配备

（一）人员配备的任务

1. 物色合适的人选

根据组织各部门的工作性质和任务要求，通过严格的筛选和评估，挑选出具备相应知识、能力和素质的人才。这一任务要求人力资源部门深入了解各部门的需求，广泛搜集人才信息，运用科学的选拔方法，确保所选人员与岗位需求的高度匹配。

2. 促进组织结构功能的有效发挥

通过合理的人员配置，使每个员工都能在其擅长的领域发挥最大作用，从而实现组织结构的优化和功能的最大化。这要求管理者在人员配备过程中，充分考虑员工的个性特点、能力优势和工作经验，将其安排在最适合的岗位上，确保组织结构的顺畅运行和整体效能的提升。

3. 充分开发组织的人力资源

人力资源是组织最宝贵的财富，也是组织竞争力的核心。通过有效的培训、激励和晋升机制，激发员工的潜能和创造力，提升员工的整体素质和工作能力。同时，建立开放、包容的组织文化，鼓励员工之间的交流与合作，促进知识的共享和创新的涌现，使组织的人力资源得到充分的开发和利用。

（二）人员配备的原则

1. 经济效益原则

在组织人员配备的过程中，必须坚持以经济效益为核心的原则。这意味着，人员配备计划的制订应紧密围绕组织的实际需求，以确保经济效益的提升为首要目标。这并非意味着盲目地扩充员工队伍，或是仅仅为了解决就业问题而招聘人员，而是要确保每位员工的加入都能为组织带来实实在在的经济效益。通过合理配置人力资源，实现资源的最优化利用，从而推动组织的持续发展。

2. 任人唯贤原则

在人事选拔方面，应秉持公正无私的态度，实事求是地发现并珍视人才。组织应像渴求贤才一样，积极寻找并重用那些真正具备才华和学识的人。这是组织能够不断壮大、走向成功的关键因素。任人唯贤不仅要求组织在选拔过程中不受个人情感、偏见或利益的影响，更要通过科学的评估机制，确保选拔出的人才真正符合组织的需求和发展方向。

3. 因事择人原则

因事择人原则强调，员工的选拔应以职位的空缺和实际工作的需要为出发点。这意味着，组织在招聘员工时，应首先明确职位的具体要求，然后根据这些要求来选拔合适的人选。通过因事择人，可以确保每位员工都能在其最适合的岗位上发挥最大的作用，从而提高整个组织的工作效率。

4. 量才使用原则

量才使用原则要求组织根据每个人的能力大小来安排合适的岗位。由于人的能力和特长存在差异，因此，只有让员工处在最能发挥其才能的岗位上，他们才能有最佳的工作表现。组织应通过建立完善的评估体系，对每位员工的能力进行客观评估，并根据评估结果为其安排最合适的岗位，从而实现人力资源的最优配置。

5. 程序化、规范化原则

员工的选拔必须遵循一定的标准和程序，以确保选拔过程的公平、公正和公开透明。组织应科学合理地确定员工的选拔标准和聘任程序，这是选拔优秀人才的重要保障。通过制定明确的选拔流程和标准，并严格按照这些流程和标准执行，可以确保选拔出的员工真正具备为组织发展作出贡献的意愿和能力。同时，这也有助于提升组织的整体管理水平，增强员工的归属感和忠诚度。

第三节　工商管理的基本理论

一、管理学理论

（一）管理实质的深入剖析

1. 管理的任务与目标

管理的任务，从根本上说，是追求一种结果状态，这种状态体现了企业发展的愿景和每个人的命运紧密相连。因此，我们可以将管理任务视作管理目标来解读。管理目标的设立，旨在将宏大的企业发展蓝图细化为一系列具体、可操作的子目标。这些子目标不仅涵盖了个人、岗位以及不同时间段的维度，还通过企业的考核控制系统进行持续的跟踪与评估。员工在这些明确目标的指引下，协同合作，通过完成每一个小目标，逐步汇聚成推动公司大目标实现的强大动力。管理目标，作为管理工具中的"佼佼者"，其系统性和复杂性不容忽视，它要求管理者具备全局视野和精细管理能力。

2. 管理的责任

管理责任的履行，是围绕管理目标展开的一系列实践活动。这些活动以管理目标为核心，追求卓越的管理效果，并通过管理者主动承担责任来推动实施。责任，作为管理者的基本素养，意味着他们需对企业和个人的任务负责，以高度的责任感和敬业精神投入工作。为了实现这一目标，管理者需要被赋予相应的职权，以确保他们有足够的资源和手段来履行职责。责任与职权相辅相成，共同构成了管理者承担责任的基石。管理者还需通过激发员工的工作活力，使他们能够在工作中实现自我价值，同时确保员工的工作符合组织要求，维护良好的工作纪律。

3. 管理的性质

管理人员在企业中扮演着至关重要的角色，他们是推动企业不断前行的活力源泉。在竞争激烈的市场环境中，管理人员的素质和工作能力直接关系到企业的成败，甚至影响到企业的生存。因为，在激烈的市场竞争中，管理人员所具备的专业素养和管理能力是企业能够脱颖而出的关键所在。对于高层管理者而言，他们面临着更为复杂和多元的挑战。德鲁克强调，高层管理的任务与其他管理层级存在显著差异，他们的工作涉及多个领域，对个性和气质的要求也更为复杂甚至相互冲突。因此，对高层管理者的管理需要更加精细和全面，既要确保他们能够完成客观任务，又要兼顾其个性特点，同时提供必要的激励和信息支持，以助力他们更好地履行职责。

（二）科学管理理论的全面阐述

科学管理理论是一个由多个要素构成的完整体系，这些要素相互关联、共同作用，旨在提升生产效率和企业效益。具体来说，科学管理理论包含以下几个核心方面。

1. 工作定额

科学管理首先要求选择合适且技术熟练的工人，并通过一系列的实验和测量，深入研究劳动过程和工作细节，从而制定出科学合理的"合理日工作量"及劳动定额。这一定额不仅为工人提供了明确的工作标准，还通过差别计件工资制将工人的贡献与收入紧密挂钩，激励他们不断提高工作效率。

2．科学用人

科学管理的另一重要思想在于科学地挑选和配置工人。这意味着要找到那些最适合且最愿意从事某项工作的工人，并将他们安排到最合适的岗位上。通过这种科学的用人方式，可以充分发挥工人的潜力和特长，进而提升整个组织的劳动生产率。

3．标准化管理

在科学管理的前提下，科学知识被用来替代个人经验，实现劳动工具、操作方法、劳动动作以及劳动环境的全面标准化。这种标准化管理不仅提高了工人的工作效率，还为他们创造了一个公平、合理的工作环境，使他们的工作成果能够得到客观、公正的衡量。

4．差别计件工资制

通过精确的计件和工时研究，科学管理理论制定出一套科学的测量和计算体系，用以确定合理的劳动定额和相应的工资水平。差别计件工资制不仅激发了工人的工作积极性，还实现了"高工资和低劳动成本"的双赢局面。同时，由于这一制度是基于科学观察和测定的结果制定的，因此能够确保工人得到公正、合理的劳动回报。

5．专门计划层

科学管理理论还强调设置专门的计划部门来承担管理职责。这一部门的设立，明确了资方与工人之间、管理者与被管理者之间的关系，使管理更加专业化和规范化。计划部门的主要任务包括进行深入的调查研究，以制定定额和操作方法、制定科学合理的定额和标准化操作规范、拟订并执行计划指令，以及将标准与实际执行情况进行对比，以实施有效控制等。这些任务的完成，为企业的科学管理提供了坚实的组织保障。

（三）工业管理与一般管理

管理活动涵盖计划、组织、领导、协调和控制五大核心职能，这不仅是企业管理者的专属责任，更是整个组织成员共同参与的工作。以下是对管理理论几个关键方面的阐述。

1. 劳动分工原则

劳动分工是自然界的固有规律，不仅适用于技术岗位，也同样适用于管理岗位。通过精细的分工，可以显著提升管理工作的效率。然而，分工并非无限制，必须遵循经验与尺度的指导，避免超出合理边界。

2. 权力与责任原则

权力，即指挥他人并要求其服从的能力，与责任紧密相连。权力所在之处，责任必然相随。优秀的领导者应勇于承担责任，并激励团队成员同样具备这种勇气。防止权力滥用的最有效保障在于个人的道德品质，尤其是领导者的高尚道德，这是无法通过选举或财富获得的。

3. 纪律原则

纪律是企业繁荣的基石。纪律原则体现在企业领导与下属之间基于尊重而非恐惧所达成的一致行为准则。维护纪律不排除对违纪行为的合理惩罚，但更重要的是通过明确的协定和公平的执行来确保纪律的严肃性。领导自身也需接受纪律的约束，而纪律的执行效果则很大程度上取决于领导者的道德水平。

4. 人员报酬原则

确定人员报酬时，首先需考虑维持职工基本生活和企业运营的基本需求。在此基础上，根据职工的劳动贡献来制定合适的报酬方案。报酬方式多样，包括按日、按任务、计件以及奖金、分红、实物补助和精神奖励。无论采用何种方式，都应确保报酬公平、激励有益努力、避免过度报酬，并促进人员稳定。

5. 人员稳定原则

人员稳定是组织持续发展的基础。通过提供良好的工作环境、合理的薪酬待遇、职业发展机会等，增强员工的归属感和忠诚度，从而降低人员流动率，确保组织的稳定性和连续性。

二、工商管理基础要素

（一）管理计划

计划是管理的首要职能，它要求管理者明确组织目标，并制定实现这些目标的行动方案。计划内容涵盖六个关键方面。

做什么：明确具体任务和完成标准，如生产计划的产量、质量、进度等。

为什么做：阐述计划的目的和原因，即组织的宗旨、目标和战略，以激发成员的主动性和创造力。

何时做：规划各项活动的起止时间，确保资源合理利用和进度控制。

何地做：确定计划实施的地点，分析环境优劣势，合理安排布局。

谁去做：明确各阶段责任部门，确保任务分配清晰、责任到人。

怎样做：制定实施的具体步骤、政策和规则，确保资源配置得到充分利用，实现计划目标。

（二）管理组织

组织的含义确实既包含了静态的结构性特征，也蕴含了动态的过程性特质。静态的组织，从名词意义上理解，主要体现了以下三个核心要素。

1. 明确的目标

目标是组织存在的基石，它指引着组织的发展方向，为所有成员提供了共同努力的焦点。一个缺乏明确目标的组织，将难以形成统一的行动力量，也难以在竞争激烈的环境中立足。

2. 分工与合作

为了提高工作效率，组织内部需要进行合理的分工，使每个成员或部门都能专注于自己擅长的领域。同时，分工并不意味着孤立，而是需要各成员或部门之间紧密合作，共同协调完成组织的目标。这种分工与合作相结合的方式，是组织高效运转的关键。

3. 权利与责任制度

为了确保组织目标的顺利实现，组织需要建立一套完善的权利与责任制度。这包括明确各级管理人员和员工的职责范围以及他们所拥有的权力。通过合理的权责分配，可以激励成员积极履行职责，同时确保组织的决策和执行过程能够有序进行。

而动态的组织，则从动词意义上揭示了组织为实现目标而进行的持续活动。它包含了以下四个层面的动态过程。

1. 合理设计组织结构

这不仅是组织工作的起点，也是确保组织高效运转的基础。通过深入分析组织的内外部环境，明确组织目标，并对实现目标所需的活动进行合理归并和分组，从而确定管理的层次、部门以及各部门的职责。同时，还需要根据组织的实际情况，设计适度的管理幅度和管理层次，以确保组织的灵活性和高效性。

2. 正确分权和授权

分权与授权是组织运行中的重要机制。通过合理的分权，可以将决策权和管理权下放到更低的层级，从而激发基层员工的积极性和创造力。而授权则是确保分权有效实施的关键，它要求上级管理者给予下级员工足够的信任和自主权，使其能够在规定的范围内自主决策和行动。

3. 人力资源管理

人是组织中最宝贵的资源。有效的人力资源管理包括选拔合适的人才、提供必要的培训和发展机会、制定合理的激励和考核机制等。通过这些措施，可以激发员工的潜能，提高他们的工作满意度和忠诚度，从而为组织的长期发展奠定坚实的基础。

4. 组织文化建设

组织文化是组织的灵魂和精神支柱。它体现了组织的价值观、信念和行为规范，对成员的行为具有潜移默化的影响。通过积极培育健康向上的组织文化，可以增强组织的凝聚力和向心力，促进成员之间的相互理解和信任，从而推动组织的持续发展和创新。

在组织工作的具体实践中，组织结构设计、组织运行和组织变革是三个密不可分的环节。它们相互依存、相互促进，共同构成了组织工作的完整体系。通过不断优化组织结构、完善运行机制、推动组织变革，组织可以不断适应外部环境的变化，实现自身的持续发展和壮大。

（三）领导

领导是指在某一特定环境下，对组织内每个成员的行为进行引导和施加影响力的活动过程，其核心目的在于激发组织成员的自觉性和热情，共同为实现既定的组织目标而持续努力。领导在管理体系中占据核心地位，其重要性不言而喻，对组织成员的行为、思想以及组织目标的实现均产生深远影响，具体体现在以下四个方面。

1. 指挥作用

领导者犹如军队中的最高统帅，须具备清醒的头脑、敏捷的思维、全局的视野和深远的谋划。他们需向组织成员清晰阐述组织的现状、目标及实现路径，指导下属制订详细计划，并时刻关注环境变化，引领组织成员迅速适应，确保组织行动的高效与准确。

2. 协调作用

领导在解决组织内部矛盾与冲突中发挥着关键作用。面对成员间的差异、部门间的壁垒以及个人与组织目标的偏差，领导者须具备知人善任的能力，妥善处理各种问题。通过统筹调度，明确各部门职责，促进部门间协作，同时协调个人与组织目标，确保双方和谐统一，推动组织稳定高效运行。

3. 激励作用

组织成员虽有积极工作的愿望，但持久的动力需靠领导者的激励来维持。面对生活与工作的双重压力，领导者应关心成员，提供必要的精神与物质支持，激发其工作热情与信心，增强对组织的认同感和归属感，从而确保成员能够持续为组织贡献力量。

4. 沟通作用

沟通是领导者与追随者之间不可或缺的桥梁。领导者作为组织信息的核心传播者，需通过有效沟通确保信息在组织各层级间准确传递。同时，沟通也是领导者了解员工真实想法和需求的重要途径，有助于领导者实施更加精准的激励措施。通过沟通，领导者能够打破书面材料的局限，深入员工内心，建立更加紧密的联系，为组织的健康发展奠定坚实基础。

（四）管理协调

协调作为管理活动的核心要素，对于确保组织的高效运作具有不可或缺的作用。它不仅关乎组织内部各业务活动的顺畅进行，更是激发员工工作热情、构建良好外部关系的重要途径。以下是对协调意义的详细阐述。

1. 协调是组织内部业务活动顺利进行的必要条件

组织作为一个由多部门、多个人构成的复杂系统，其内部关系网络错综复杂。不同部门、个人在追求各自目标时，可能会与组织整体期望产生偏差，甚至发生冲突。因此，协调成为确保组织目标实现的关键。管理者需通过有效的沟通手段，及时调整各部门、个人之间的利益关系，消除潜在的矛盾和冲突，使组织处于有序、高效的状态。尽管计划、组织和控制等管理职能已对这些问题有所考虑，但人的活动具有动态性，矛盾和冲突随时可能出现。这就需要管理者发挥协调职能，灵活应对突发事件，确保组织业务活动的顺利开展。

2. 协调是激发员工工作热情的重要保证

一个和谐、积极的工作环境对于激发员工的工作热情至关重要。然而，由于个人认知、情感的差异，人与人之间难免会产生误解、矛盾和冲突。这些负面情绪不仅影响员工的工作效率，还可能破坏组织的整体氛围。管理者需通过协调职能，及时化解矛盾，解决冲突，为员工营造一个和谐、积极的工作环境。通过有效的沟通，增进员工之间的理解和信任，激发他们的工作热情和创造力。

3. 协调是建立良好外部关系的重要途径

组织并非孤立存在，而是与外部环境紧密相连。与外部单位、个人的关系处理得当，能够为组织带来更多的机遇和资源。管理者需通过协调各方利益，增进理解与合作，改善组织的外部环境和形象。同时，随着外部环境的日益复杂和多元化，组织需不断调整管理活动以适应环境变化。协调成为连接组织内部与外部环境的桥梁，确保组织活动与外部环境的和谐统一。

（五）管理控制

管理控制是确保组织目标实现的重要手段。它涉及衡量实际工作绩效、比较实际工作绩效与标准以及采取行动纠正偏差或不合适的标准三个关键步骤。以下是对这三个步骤的详细扩写。

1. 衡量实际工作绩效

衡量实际工作绩效是管理控制的首要步骤。为了准确评估绩效，管理者需通过多种途径搜集相关信息，包括个人观察、统计报告、口头汇报和书面汇报等。在明确衡量方式后，更需关注衡量对象的选择。因为衡量什么直接决定了员工的工作重点和控制标准。管理者应根据组织目标和业务需求，合理选择衡量对象，确保绩效衡量的准确性和有效性。

2. 比较实际工作绩效与标准

在衡量实际工作绩效后，管理者需将其与预设标准进行比较，以识别偏差。由于工作过程中难免会出现偏差，因此确定一个可接受的偏差范围至关重要。对于超出范围的偏差，管理者需高度重视并及时采取措施。同时，对于绩效与标准的比较结果不明确的情况，管理者也需提前制定偏差范围，以便在必要时采取补救行动。

3. 采取行动纠正偏差或者不合适的标准

针对比较结果中发现的偏差或不合适标准，管理者需采取相应行动进行纠正。这包括三种可能的行动：什么也不做（当偏差在可接受范围内时）、纠正偏差（通过实时或根本性纠正行为使绩效回归正轨）和修改标准（当标准本身不切实际时）。管理者应根据具体情况选择合适的行动方案，并注重分析偏差产生的原因，以便从根本上解决问题。同时，对于不切实际的标准，管理者也应及时进行调整，以提高员工的工作积极性和组织的整体绩效。

三、工商管理学

（一）创新管理

在管理学领域，创新被视为企业生存与发展的核心驱动力。就企业生产和销售产品的本质而言，创新是一个不断在组织作业和管理中孕育新观念、新构想，并推动这些新想法逐步发展成熟，最终转化为实际成果的过程。在企业生产管理的实践中，创新不仅体现在产品和技术层面的革新，更贯穿于产品研发设计、生产制造、市场营销等各个环节。随着网络和信息时代的到来，创新的范畴进一步拓宽，任何能够触发交互节点并带来有效变化的发展，无论其发生在技术、组织、制度还是文化等层面，都可被视为创新的重要表现。

1. 创造性

创新的创造性是其最本质的特征。它要求人们在面对问题时，不拘泥于传统思维和常规做法，而是勇于突破，寻求新的解决方案。这种突破性的进展不仅体现在产品和技术的创新上，如新产品的开发、生产工艺的改进等，还体现在组织管理的创新上，如管理结构的优化、管理流程的重组等。创新的创造性为组织带来了实质性的差异和竞争优势，是推动组织持续发展的重要动力。

2. 风险性

创新的过程充满了不确定性和挑战，因此也伴随着较高的风险。这些风险可能来自信息不对称导致的决策失误，也可能来自资源重新分配过程中遇到的阻力和冲突，还可能来自技术创新过程中的技术瓶颈和商业化推广的难题。然而，正是这些风险的存在，使得创新成功后的价值和收益更加丰厚。企业为了获取这种超额收益，会不断投入资源进行创新，以期在激烈的市场竞争中脱颖而出。

3. 系统性

创新不是孤立存在的，而是与组织活动的各个环节紧密相连。从计划、组织、领导到控制，每一个阶段都可能孕育着创新的机会。同时，创新的成功也离不开组织全局的支持和配合。组织的战略、使命、愿景等宏观因素为创新提供了方向和指引，而各个部门的协同合作则为创新的实施提供了有力保障。因此，创新是一个系统性的过程，需要组织上下共同努力，才能实现最佳效果。

4. 动态性

在快速变化的市场环境中，消费者的偏好和技术水平都在不断演进。为了确保组织的核心竞争力，企业必须紧跟时代步伐，不断创新。这种创新不仅体现在产品和技术的更新迭代上，更体现在管理理念和方式的持续优化上。企业需要建立一个动态开放的创新体系，不断吸收外部信息，调整内部策略，以确保在激烈的市场竞争中保持领先地位。

（二）信息化管理

信息化是当今社会发展的重要趋势之一，它深刻改变了人们的生活和工作方式。信息化所带来的数字化世界，让文字、数据、图片、视频、语音等信息得以高效传输和共享，为组织的决策和管理提供了前所未有的便利。根据信息化所涉及的领域，我们可以将其分为宏观信息化和微观信息化两大类。

宏观信息化主要关注国家、产业和社会层面的信息化建设。国家信息化涉及工业、农业、国防等多个领域，旨在通过信息技术提升国家的整体竞争力；产业信息化则聚焦于制造业、金融业等关键行业，推动其数字化转型和智能化升级；社会信息化则关注教育、医疗、文化等公共服务领域，利用信息技术提升服务质量和效率。

　　微观信息化则主要关注企业层面的信息化建设。企业信息化具有以下几个显著特点：首先，信息化是以管理为基础的，它并不是简单地应用信息技术，而是要将信息技术与组织的管理理念和业务流程紧密结合，以实现管理的优化和升级；其次，信息化是一个不断发展和变化的过程，随着信息技术的不断进步和组织业务的变化，信息化对于管理的作用也在不断变化和调整；再次，信息化能够实现信息的共享和传递，通过构建高效的信息系统，组织可以实时获取所需信息，为决策提供支持；最后，信息化建设是一项全面而系统的工程，它涉及组织的各个方面和层次，需要领导者综合协调各方资源，确保信息化建设的顺利进行和有效实施。

第二章

企业战略管理

第一节　企业总体战略选择

一、企业战略选择的原则

企业战略，作为企业发展的核心指导纲领，其重要性不言而喻。它不仅明确了企业在未来一段时间内的发展目标，还规划了实现这些目标的具体路径，从而激励全体员工共同为企业的经营战略目标而奋斗。在选择企业战略时，企业应遵循以下核心原则，以确保战略的有效性和可行性。

1. 长远性原则

企业经营战略的长远性，体现在其不仅仅关注眼前的得失，而是将目光投向未来，考虑企业在较长时间段内的整体发展。这种长远性的规划，通常涵盖企业未来 3～5 年，甚至更久远的目标。通过制定长远战略，企业能够更清晰地把握发展方向，为未来的挑战和机遇做好充分准备。

2. 现实性原则

虽然企业战略具有长远性，但其制定必须基于现实。这意味着企业在规划未来时，必须充分考虑当前的主观因素和客观条件。科学的预测是战略制定的基础，而预测的准确性则依赖于对历史数据和现实状况的深入分析。因此，企业在选择经营战略时，必须脚踏实地，从实际出发，确保战略既具有前瞻性，又具备可行性。

3. 竞争性原则

在激烈的市场竞争中，企业需根据自身实力和市场环境，灵活选择进攻性或防御性的经营战略。无论选择何种战略，企业都需全面评估各种因素，确保战略决策能够在竞争中为企业赢得优势。竞争性原则要求企业在制定战略时，既要考虑自身的资源和能力，也要分析竞争对手的优劣势，从而制定出最有效的竞争策略。

4. 适应性原则

企业经营战略的选择还需考虑其与企业管理模式的适应性。一方面，战略应指导和制约管理模式，确保企业各项资源和管理手段都能服务于战略目标的实现。另一方面，战略的制定也需基于企业现有的管理模式，确保战略能够落地实施。适应性原则要求企业在制定战略时，需充分考虑企业内部的实际情况，确保战略与管理的紧密融合。

二、稳定型战略的特征

稳定型战略，作为一种相对保守的企业发展战略，其风险相对较小，尤其适用于那些在过去已取得成功，且所处行业和市场环境相对稳定的企业。稳定型战略具有以下显著特征。

1. 对过去经营业绩的满意与延续

稳定型战略的企业，对过去的经营业绩表示满意，并决定继续追求既定的或与过去相似的经营目标。这种战略选择体现了企业对过去成功经验的认可以及对未来发展的稳健态度。通过延续过去的成功模式，企业能够在稳定的市场环境中保持竞争优势。

2. 绩效的稳定增长

与增长性战略相比，稳定型战略所追求的是常规意义上的增长，而非大规模、迅猛的扩张。这种增长通常表现为市场占有率、产销规模或总体利润水平的稳定提升。企业通过保持现有市场份额，随着市场容量的自然增长而实现销售额的稳步增长，从而巩固和提升自己的竞争地位。

3. 产品与服务的稳定性

稳定型战略的企业，在产品和服务的创新上相对保守，更倾向于维持现有的产品或服务组合。这种稳定性有助于企业保持与客户的稳定关系，降低市场风险。然而，这也要求企业在保持稳定的同时，密切关注市场动态和客户需求的变化，以确保产品和服务的持续竞争力。

稳定型战略主要基于企业过去的成功经验，强调在稳定的市场环境中保持和巩固现有的竞争地位。对于那些在过去已取得显著成功，且希望在未来继续保持稳健发展的企业来说，稳定型战略无疑是一个值得考虑的选择。然而，企业也需时刻关注市场变化，灵活调整战略方向，以确保长期竞争优势的维持和提升。

三、稳定型战略的类型

（一）按照偏离战略起点的程度划分

1. 无增战略

无增战略，顾名思义，并非真正意义上的无增长，而是指企业在保持当前经营状态的基础上，不进行显著的战略调整。这种战略的选择往往基于两个核心考量：其一，企业过去的运营成绩斐然，且内外部环境维持稳定，未见重大变革迹象；其二，企业内部未暴露出严重的经营问题或潜在风险，因此战略管理者认为无须进行大幅度的战略调整，担心不必要的调整可能损害企业的既得利益或短期利润。在此背景下，企业除根据通货膨胀率对目标进行适度调整外，其余方面基本维持原状，力求稳定中求发展。

2. 微增战略

微增战略则是在保持企业稳定运营的基础上，寻求适度增长与发展的战略选择。这种战略旨在通过细微的调整和优化，实现企业在稳定中的逐步成长，既不过于激进，也不完全停滞，而是寻求一种平衡与稳健的发展路径。

（二）从企业采取的防御态势上划分

1. 阻击式防守战略

阻击式防守战略的核心思想是预防胜于治疗，即"最有效的防御是完全防止竞争较量的发生"。其具体实施策略：首先，企业需投入必要的资源，以明确展示自身具备抵御竞争对手进攻的实力；其次，通过持续、明确的传播，塑造企业作为顽强防御者的形象，使潜在的竞争对手在权衡利弊后选择退却，从而避免直接的竞争冲突。

2. 反应式防御战略

与阻击式防守不同，反应式防御战略是在竞争对手已经发起进攻后，企业根据进攻的性质、特点和方向，迅速制定并实施相应的应对策略，以维护自身的竞争地位和经营水平。这种战略要求企业具备快速响应和灵活调整的能力，以便在竞争中保持主动，减少损失。

（三）从战略的具体实施划分

1. 无增战略

与前文所述相同。

2. 维持利润战略

维持利润战略是一种短期导向的战略选择，其核心在于牺牲企业的长期发展以维持当前的利润水平。这种战略通常在经济不景气或企业经营遇到暂时困难时采用，旨在通过减少投资、压缩成本等方式，保持企业的经济状况和效益稳定。然而，长期依赖此战略可能损害企业的核心竞争力和长期发展潜力，因此需谨慎使用。

3. 暂停战略

暂停战略是在企业经历长时间快速发展后，面对效率下降、资源紧张等问题时采取的一种战略调整。它要求企业在一定时期内降低目标和发展速度，通过休整和集聚力量，为未来的持续发展做准备。这种战略有助于企业调整节奏，优化资源配置，提高运营效率。

4. 谨慎实施战略

谨慎实施战略适用于企业外部环境中的某一重要因素难以预测或变化趋势不明显的情况。在这种情况下，企业需有意识地放慢战略实施的进度，采取步步为营的策略，以确保每一步都稳健可靠。这种战略强调风险控制和灵活性，要求企业根据外部环境的变化及时调整策略，确保战略实施的顺利进行。

四、稳定型战略的适用条件

（一）外部环境

外部环境的稳定性对于企业选择稳定型战略具有至关重要的影响。以下因素共同构成了外部环境稳定性的核心要素。

1. 宏观经济状况

宏观经济的总体走势直接影响企业所处行业的发展速度。当宏观经济保持总量不变或低速增长时，行业增长也会受到相应制约。在这种情况下，企业更倾向于采取稳定型战略，以适应外部环境的缓慢变化，避免盲目扩张带来的风险。

2. 产业技术创新度

产业技术的成熟度和技术更新速度是影响企业战略选择的关键因素。若企业所在产业技术相对成熟，且技术更新缓慢，则企业无须频繁调整产品和技术，即可满足市场需求和应对竞争。这种稳定性为企业采用稳定型战略提供了有力支撑。

3. 消费者需求偏好

消费者需求的稳定性直接决定了产品系列的稳定度。当消费者需求偏好相对稳定时，企业可以更加专注于现有产品的优化和升级，而无须频繁推出新产品以迎合市场变化。这种稳定性为企业实施稳定型战略提供了有利条件。

4. 产品生命周期或行业生命周期

对于处于成熟期或衰退期的产品或行业而言，市场需求和市场规模趋于稳定或下降。此时，企业难以通过新产品开发或市场拓展实现快速增长，因此更适合采用稳定型战略，以维护现有市场份额和竞争地位。

5. 竞争格局

行业进入壁垒的高低和竞争格局的稳定性直接影响企业的战略选择。当行业进入壁垒较高且竞争格局相对稳定时，企业难以通过激烈竞争获得显著市场份额提升。此时，采用稳定型战略可以确保企业在现有市场份额上获得稳定收益。

（二）企业内部实力

企业内部实力是选择稳定型战略的重要考量因素。以下情况表明企业更适合采用稳定型战略。

1. 资源有限性

当企业资源（如资金、研发力量、人力资源等）有限时，无法支持大规模的市场扩张或新产品开发时，企业应采取稳定型战略，集中资源于有优势的细分市场，以维护竞争地位。

2. 资源充足性

即使企业资源相对充足，在外部环境稳定的情况下，也应采取稳定型战略以适应市场环境。资源充足的企业可以在更广阔的市场上选择资源分配点，但仍需保持战略的稳定性和可持续性。

3. 外部环境不利时

当外部环境不利（如行业处于衰退期）时，资源丰富的企业可以适度采用稳定型战略以维持市场地位；而资源有限的企业，如果能在特定细分市场上发挥独特优势，同样可以考虑采用稳定型战略以渡过难关。

五、发展型战略

（一）密集性发展

密集性发展是企业利用现有生产、经营范围内的资源和能力，寻求进一步增长的战略。通过"产品－市场矩阵"分析，密集性发展可细分为以下三种战略：

1. 市场渗透

市场渗透战略旨在通过增加现有产品在现有市场上的销售量，来提高市场占有率。这一战略要求企业深入了解市场需求和消费者行为，通过优化产品、价格、分销和促销等营销策略，吸引更多潜在顾客。具体措施：提高产品质量和服务水平，增强品牌知名度；开展促销活动，吸引消费者关注；优化分销渠道，提高产品可达性等。

2. 市场开发

市场开发战略旨在通过拓展新的市场区域或寻找新的产品用途，来扩大销售规模。这一战略要求企业具备敏锐的市场洞察力和强大的市场开拓能力。具体措施包括：研究新市场需求，制定针对性营销策略；开发新产品用途，满足消费者多样化需求；拓展销售渠道，提高产品覆盖面等。

3. 产品开发

产品开发战略旨在通过研发新产品来满足现有市场的潜在需求，从而推动企业增长。这一战略要求企业具备强大的研发能力和敏锐的市场洞察力。在开发新产品的过程中，企业需要深入了解消费者需求和市场趋势，运用先进的研发技术和生产工艺，确保新产品的品质、性能和性价比具有市场竞争力。同时，企业还需通过有效的营销策略和推广活动，将新产品推向市场，争取消费者的认可和喜爱。通过不断推出新产品，企业可以持续满足市场需求，提升品牌形象和市场竞争力。

（二）一体化发展

一体化发展，作为企业发展的重要战略之一，旨在通过扩展企业的业务范围，实现原材料生产、产品深加工以及同行业企业生产经营领域的全面覆盖。这一战略根据扩展方向的不同，可细分为向后一体化、向前一体化和水平一体化。

1. 向后一体化

向后一体化，即企业向上游产业链延伸，通过自建或并购原材料、零部件生产企业，实现从外部采购到内部生产的转变，形成产供一体化的格局。这一战略的实施通常基于以下考虑：供应商盈利空间巨大，企业希望通过一体化获取更多利润；或供应商市场地位强势，企业为规避原材料短缺和成本受控的风险而选择自主生产。

2. 向前一体化

向前一体化，则是企业向下游产业链拓展，将原本属于用户的工作纳入自身经营范围，从而扩大市场份额。由于深加工产品往往比原材料和半成品具有更高的利润率，企业因此有动力追求向前一体化发展，以提升整体盈利水平。

3. 水平一体化

水平一体化，涉及企业间的联合或兼并，特别是同类企业的整合。通过这一战略，企业可以扩大生产规模，增强经营实力，实现资源共享和优势互补。合作经营和合资经营是水平一体化的典型形式，它们有助于企业共同寻找市场机会，提升市场竞争力。

（三）多角化发展

多角化发展，是企业为寻求新的增长点而采取的多元化经营策略。根据新产品与原有产品的关系，多角化可分为同心多角化、水平多角化和综合多角化。

1. 同心多角化

同心多角化，指企业利用现有技术、设备和市场资源，开发与原有产品具有协同关系的新产品，以满足新老顾客需求。这种战略的风险相对较小，因为新产品与原有产品在技术上有较强的关联性，且未脱离原经营主线。同心多角化的成功在于充分发挥企业原有优势，实现产品线的有效拓展。

2. 水平多角化

水平多角化，即企业通过跨行业投资，满足现有顾客的其他需求，从而扩大业务范围。这种战略要求企业具备较强的实力和风险承受能力，因为新行业与原有行业可能存在较大差异。然而，由于服务对象仍为原有顾客，企业在市场开拓方面具有一定优势，且有助于塑造全面的企业形象。

3. 综合多角化

综合多角化，是企业通过投资或兼并等方式，将业务范围扩展到与原有产品、技术、市场完全不相关的领域。这种战略的风险最大，因为企业需要面对全新的产品、市场和技术挑战。然而，一旦成功，企业可以迅速扩大规模，实现多元化经营带来的协同效应和利润增长。综合多角化通常适用于规模较大、实力雄厚的企业。

六、紧缩型战略

（一）紧缩型战略的特征

紧缩型战略，是企业在面临不利市场环境或经营困境时，采取的一种收缩、调整和撤退的战略。其特征主要包括：产品和服务范围的缩小，市场占有率和利润率的下降；对资源的严格控制，包括削减费用支出、减少投资等；以及战略的短期性和过渡性，旨在通过紧缩为未来的发展积蓄力量。

（二）实施紧缩型战略的基本途径

1. 抽资转向战略

抽资转向战略，是企业在现有经营领域无法维持原有规模或面临更好发展机遇时，采取的一种战略调整方案。其实施措施如下。

调整企业组织：通过更换关键领导人、重新分配责任和权力等方式，使组织更加适应变化的环境。

降低成本和投资：压缩日常开支，实施严格的预算管理，减少长期投资项目，甚至通过裁员来降低管理费用。

减少资产：出售与核心业务不相关的资产，关闭低效工厂或生产线，以租代买降低资产负担，或出售盈利产品以获取现金流。

加速回收企业资产：加强应收账款管理，派专人催收账款，降低存货水平，出售库存产品以快速回笼资金。

抽资转向战略的成功实施，关键在于管理者是否具有明晰的战略管理理念，能否果断地对现有业务进行调整或重新确定企业的基本宗旨。这一战略虽然短期内可能导致企业规模和利润的下降，但长期来看，却可能为企业未来的发展和转型奠定坚实基础。

2. 放弃战略

放弃战略，作为企业在面临困境时的一种选择，是在抽资转移战略无法奏效时的一种更为彻底的退出方式。它意味着企业将某个或某些主要部门，如经营单位、生产线或事业部，进行转让、出卖或停止经营。这种战略并非简单的资产清算，而是寻求一个愿意支付高于企业固定资产时价的买主，以便通过转让技术资源或资产为对方带来额外的利润。

在实施放弃战略时，企业往往会遇到多方面的阻力。首先，结构或经济上的阻力可能源于企业的技术特性和资本构成，特别是那些专用性强的固定资产，它们可能难以快速变现或转型。其次，公司战略上的阻力可能来自被放弃业务与其他业务之间的紧密联系，这种放弃可能会对其他业务的运营产生负面影响。最后，管理上的阻力则可能来自企业内部人员，特别是管理人员的反对，因为他们担心放弃战略会威胁到自己的业绩考核和职业前景。

为了克服这些阻力，企业可以采取一系列措施。首先，在高层管理者中营造一种"考虑放弃战略"的氛围，鼓励大家正视现实，积极寻求解决方案。其次，改进工资奖金制度，确保其与放弃战略不相冲突，甚至可以通过设置奖励机制来激励员工支持这一战略。最后，妥善处理管理者的出路问题，为他们提供合理的安置方案，以减少因放弃战略而带来的内部动荡。

3. 清算战略

清算战略，作为企业终止存在的一种极端方式，意味着企业将卖掉其全部资产或停止整个企业的运行。这种战略通常只在其他所有战略都失败时才被考虑使用。然而，在确实毫无希望的情况下，尽早制定清算战略可以有序地降低企业股票的市场价值，最大限度地收回企业资产，从而减少全体股东的损失。

需要特别指出的是，清算战略的净收益主要来自企业有形资产的出让价值，而不包括其无形价值。因此，在决定实施清算战略时，企业需要对有形资产进行全面评估，并尽可能以最高价格出售。

（三）紧缩型战略的适用条件

紧缩型战略，作为企业应对不利环境或经营困境的一种策略，可以根据不同的动机分为适应性紧缩战略、失败性紧缩战略和调整性紧缩战略。

适应性紧缩战略主要用于应对外部环境的不利变化，如经济衰退、产业进入衰退期或产品需求减少等。当企业预测到或已经感知到这些不利因素，并且认为稳定型战略不足以应对时，就会考虑采用适应性紧缩战略来渡过危机。这种战略的适用条件是外部环境对企业经营产生明显的不利影响，且这种影响无法通过其他方式得到有效缓解。

失败性紧缩战略则是在企业经营出现重大失误，如产品滞销、财务状况恶化或投资无法收回时采取的一种策略。这种战略的适用条件是企业面临严重的经营问题，且这些问题已经无法通过其他方式得到解决。在实施失败性紧缩战略时，企业需要对市场、财务和组织机构等方面进行全面评估，以确保战略的有效性和可行性。

调整性紧缩战略则不同于前两种战略，它的动机不是为了应对外部环境的不利变化或经营失误，而是为了寻求更好的发展机会。当企业发现一个回报更高的资源配置点时，就会考虑采用调整性紧缩战略来将有限的资源分配到更有效的使用场合。这种战略的适用条件是企业存在明显的回报差距，且这种差距无法通过其他方式得到消除。在实施调整性紧缩战略时，企业需要确保新的资源配置点能够带来更高的回报，并且不会对现有业务产生负面影响。

第二节　企业战略的实施

一、战略实施的内容

（一）编制战略实施计划

战略实施计划是确保企业战略有效落地的关键环节，它要求将宏大的战略目标细化为具体可操作的方案和项目，并进一步转化为明确的预算和行动计划。这一过程不仅涉及企业高层的宏观规划，还需要中层和基层管理人员的积极参与，以确保战略计划能够层层分解、逐级落实。在编制战略实施计划时，企业应首先明确自身的使命和愿景，进而确定具体的战略目标。这些目标应按照自上而下的原则进行分解，确保每个层级都能明确自己的任务和责任。同时，企业还需根据战略目标的阶段性和部门差异性，制定相应的时间表和绩效指标，以便对战略实施过程进行监控和评估。管理人员在这一过程中扮演着至关重要的角色，他们不仅需要具备制订战略计划的能力，还需确保计划的有效执行，并根据实际情况进行适时调整。

（二）合理配置企业资源

资源配置是战略实施不可或缺的一环，它关乎企业能否将有限的资源投入最关键的地方，从而获得最大化战略实施的效果。企业资源可分为外部资源和内部资源两大类。外部资源，如公共关系资源、政策资源等，虽不直接归企业所有，但对其战略实施具有重要影响。企业应积极寻求与外部资源的合作与共享，以拓宽战略实施的路径。内部资源，则包括财务资源、人力资源以及物力资源等，是战略实施的基础。在内部资源配置上，企业需注重两个层面的工作：一是跨部门间的资源配置与调整，确保各事业部、分公司、子公司之间的资源能够协同作战，共同支撑企业战略目标的实现；二是在单一业务部门内部，要合理调配人力、物力、财力等资源，以提升业务部门的运营效率和市场竞争力。

（三）调整组织结构以适应战略需求

组织结构是战略实施的载体，其合理与否直接关系到战略能否顺利落地。因此，在实施战略活动的过程中，企业必须根据战略的要求对组织结构进行适时调整。这包括选择适合战略需求的组织结构类型，如扁平化、矩阵式等，以确保战略信息能够高效传递和执行。同时，企业还需关注组织结构中的权责关系、沟通机制等方面，确保各部门之间能够协同配合，形成合力。此外，随着企业战略的变化，组织结构也应进行相应调整，以保持与战略的高度契合。

（四）制定并执行良好的管理制度

管理制度是确保战略实施顺利进行的重要保障。好的管理制度不仅能够规范员工的行为，提高工作效率，还能激发员工的积极性和创造力，为企业战略的实现提供有力支持。在制定管理制度时，企业应着重考虑以下两个方面。

1. 转变领导观念，强化领导的主导作用

领导者作为战略实施的决策者和执行者，其观念和行为对战略实施具有决定性影响。因此，企业应引导领导者转变传统的管理观念，树立以战略为导向的管理理念，并充分发挥其在战略实施中的主导作用。同时，还应将战略实施的实际效果纳入对领导者的考核体系，以激励其更加积极地投身于战略实施工作。

2. 塑造与战略相契合的企业文化

企业文化是企业长期经营实践中形成的独特价值观念、行为规范和工作方式的总和。它对员工的思维方式和行为模式具有深远影响，也是战略实施的重要支撑。因此，企业在实施新战略时，必须注重塑造与战略相契合的企业文化。这包括倡导与战略相符的价值观、行为规范和工作方式以及通过培训、宣传等方式让员工深刻理解和认同这些文化元素。只有这样，才能确保企业文化成为战略实施的强大助力，推动企业不断向前发展。

二、战略实施的基本原则

（一）适度合理性原则

"适度合理性"原则在战略管理与实施中占据着至关重要的地位，它主要体现在以下两个层面。

首先，对于战略制定及其最终实施效果的评价，我们并不苛求达到绝对的最优化状态。在战略制定的初期阶段，由于多种因素的制约，如信息来源的局限性、决策时间的紧迫性以及决策者认知能力的有限性，所制定的战略往往难以达到理论上的最优解。更何况，在战略的实际推进过程中，无论是外部环境还是企业内部条件都可能发生难以预料的变化，这些都增加了战略实施的不确定性。因此，我们评判战略成功与否的标准，并非看是否达到了理想化的最优状态，而是看主要的战略目标是否得到了基本实现。只要战略能够大致上达到预定的目标，我们就可以认为这一战略的制定及其实施是富有成效的。

其次，适度合理性原则还体现在对各种问题解决策略的选择上。战略实施往往伴随着组织结构的调整、管理制度的更新，甚至企业文化的重塑，这些变革难免会在企业内部各部门之间以及部门与整体之间引发利益上的冲突。高层管理者的职责就在于妥善协调这些矛盾，找到一个能够平衡各方利益的解决方案。然而，由于现实条件的复杂性，管理者很难做到绝对的公平与合理。在这种情况下，我们只要确保所采取的措施不损害企业的总体目标和战略大局，就可以认为是合理的。这种灵活性正是战略实施中适度合理性原则的重要体现。

（二）统一领导与统一指挥原则

统一领导与统一指挥是管理活动中不可或缺的基本原则，它们在战略实施过程中同样具有举足轻重的地位。

按照统一指挥的原则，战略实施的各项活动应当在企业最高管理层的统一领导下进行。这是因为高层管理者对于企业战略的理解更为深入透彻，他们掌握的信息更为全面详尽，对于战略各个组成部分的要求以及它们之间的相互联系有着更为清晰的认识。因此，由高层管理者来统一指挥战略的实施，能够确保各项任务之间的协调一致，避免沟通不畅或理解偏差而导致的执行偏差。

此外，统一指挥原则还要求企业内部每个部门在原则上只接受一个上级部门的命令和指挥。多头指挥往往会导致下级部门无所适从，降低工作效率，同时还会增加协调不同上级部门命令的时间和精力成本。即使在某些特殊情况下，组织结构需要采用矩阵制等更为复杂的形式，各个上级部门也应当明确各自的权力和责任范围，避免因为职责不清而产生的多头指挥现象。

（三）权变原则

权变原则强调战略实施过程中的灵活性和适应性。战略的制定总是基于特定的环境条件，而环境却是不断变化的。因此，在战略实施过程中，企业需要根据实际情况对战略进行适时的调整和优化。

特别是在企业内外部环境发生重大变化，原定的战略已经难以继续实施时，对战略进行重大调整甚至重新制定新的战略就显得尤为必要。这就是战略实施中的权变原则所强调的。权变的关键在于准确把握战略对环境变化的反应程度。反应过度可能会导致资源的浪费和战略方向的迷失，而反应不足则可能使企业错失应对环境变化的良机，甚至造成重大的损失。

为了有效实施权变原则，企业需要密切关注战略实施过程中的关键变量，并设定这些变量的正常变化范围。一旦这些变量的变化超出了正常范围，企业就应当迅速对原定战略进行评估和调整，制定出具体的调整方案。这就要求企业具备对环境变化的高度敏感性和快速响应能力，以确保战略的实施能够始终保持足够的灵活性和应变能力。

三、战略实施的模式

（一）指挥型战略实施模式

在指挥型战略实施模式中，企业高层管理者不仅亲自参与战略的制定，还直接或间接地参与到战略计划的实施过程中。他们通过提出明确的要求和标准，或者指示战略规划人员具体组织战略的实施，来确保战略按照既定的方向前进。这种模式的显著特点是高层管理者在战略制定上占据主导地位，但在战略的具体执行上则相对放手，让中下层管理者去操作。然而，这种模式的运用并非无懈可击，它受到一系列约束条件的限制。

首先，高层管理人员必须具备足够的权威，能够通过发布命令、制定规则等方式有效推动战略的实施。这种权威不仅来源于职位本身，还来源于高层管理者的个人魅力、专业知识和领导能力。

其次，指挥型模式更适合在战略易于实施、环境变化不大的情况下采用。这要求战略制定者与战略执行者的目标高度一致，新的战略不会对现行运营系统构成太大威胁，企业组织结构相对集权，且企业经营环境稳定、多元化程度较低。同时，企业还需拥有丰富的资源，以应对可能出现的各种挑战。

再次，高效运作的信息系统也是指挥型模式不可或缺的一部分。企业需要能够迅速收集、整理和分析各种信息，并及时传递到高层管理者，以便他们做出正确的决策。

最后，规划人员的客观判断能力也是至关重要的。他们需要能够站在全局的立场，协调各事业部的战略规划，确保各部门之间的利益冲突得到妥善解决。这要求规划人员具备丰富的经验、敏锐的洞察力和出色的沟通协调能力。

然而，指挥型模式也存在一些明显的缺点。由于中下层管理者在执行战略时缺乏足够的动力和创造精神，他们可能会产生抵触心理，甚至故意拖延或阻碍战略的实施。因此，高层管理者需要采取有效措施来激发中下层管理者的积极性和创造力，确保战略能够顺利实施。

（二）变革型战略实施模式

变革型战略实施模式与指挥型模式截然不同。在这种模式下，企业高层管理人员已经将战略的制定考虑得相当成熟，他们更关注如何为战略的实施创造良好的环境，如建立新的组织结构、信息管理系统等以及如何扩大或缩小经营范围，以增加战略成功的机会。

为了增强战略决策的成功概率，企业决策人员通常会采取多种方法。首先，他们会运用更新后的组织形式和人事参谋来宣传企业战略的核心部分，确保企业员工的工作重心始终围绕战略核心展开。其次，他们会建立健全的规划体系和评价机制，通过制定多种激励政策来激发员工的积极性，确保战略的有效实施。最后，他们还会充分调动员工的积极性，争取获得大部分员工的参与支持。

相比指挥型模式，变革型模式在企业实际运行中往往更为有效。然而，它仍然面临着一些挑战。例如，如何提高获取信息的准确性、如何保证战略稳步实施的有效动力等。这些问题在环境多变的行业中尤为突出，因此变革型模式更适用于环境相对稳定、变化不大的中小型企业。

（三）合作型战略实施模式

合作型战略实施模式强调高层管理人员与中下层管理者之间的紧密合作。在这种模式下，高层管理人员不再只是单纯地制定战略，而是更加重视引导中下层管理者参与战略的制定与实施过程。他们鼓励中下层管理者发表自己的意见、提出不同的方案，并充当协调员的角色，确保所有好的想法和方案都能得到充分的重视和考虑。

合作型战略实施模式的优点在于能够充分发挥集体智慧的力量，使制定出的战略更加符合企业的实际情况和发展需求。同时，由于中高层管理人员在企业战略制定和实施的全过程中都能发挥自己的作用，因此他们更加了解战略的背景和意义，也更容易接受和执行战略。然而，这种模式也存在一些局限性。例如，由于各方观点和目的不同，协商过程可能会变得复杂而漫长；同时，由于参与人数众多，需要极大地调动中高层管理者的参与热情和积极性。

（四）文化型战略实施模式

文化型战略实施模式是一种更为开放和包容的模式。在这种模式下，高层管理者不仅考虑如何与中下层管理者合作制定和实施战略，还进一步扩大了参与战略制定和实施的人员范围，让企业的基层员工也参与到这个过程中来。他们通过不断向企业员工传递企业战略的核心思想，建立共同的利益链、价值观和行为准则，使全体员工都能在同一个文化思想基础上实施企业战略活动。

文化型战略实施模式的优点在于能够彻底模糊战略制定者和战略执行者的界限，使全体员工都能成为企业战略的制定者和实施者。这种全员参与的方式不仅能够加快战略的实施速度、降低战略实施风险，还能够促进企业的快速发展和壮大。然而，这种模式也存在一些局限性。例如，它要求员工具有一定的文化水平，而现实中这一点往往难以完全满足；同时，由于参与人数众多，可能会增加人员和时间成本；此外，企业高层之间的权力争夺也可能导致文化型战略实施模式流于形式。

（五）增长型战略实施模式

增长型战略实施模式是一种注重激发战略管理者和实施者积极性与创造力的模式。在这种模式下，高层管理者不再只是单纯地制定和推动战略的实施，而是更加关注如何进一步提高中下层管理者的积极性和创造力，为扩大企业的整体利益服务。他们通过认真评估下层人员提出的所有有益于企业发展的方案，鼓励员工提出创新性的想法和建议，并给予充分的支持和资源来推动这些方案的实施。

增长型战略实施模式的优点在于能够充分放权给中下层管理者，让他们拥有更多的战略决策权和创新空间。这种放权不仅能够激发中下层管理者的积极性和创造力，还能够使他们更加了解企业的实际情况和需求，从而制定出更加符合企业发展战略的方案。同时，由于中下层管理者直接制定和实施本部门战略，他们能够更加及时地把握市场机遇和调整战略方向，确保战略的顺利实施。然而，这种模式也要求高层管理者具备更高的领导能力和战略眼光，以确保战略的正确制定和实施。同时，他们还需要营造更加宽松的企业环境，鼓励下层管理者提出更有利于企业发展的建议，并充分考量每个员工的积极性是否被激发出来。

四、战略实施与组织结构

（一）企业战略具有前导性，组织结构具有滞后性

1. 企业战略的前导性

企业战略的前导性体现在其对企业未来发展的引领和导向作用上。当企业察觉到外部市场环境或内部资源条件发生显著变化，为自身带来新的发展机遇或挑战时，会首先通过调整战略来应对这些变化，以期实现经济效益的最大化。战略的前导性不仅体现在对外部机会的敏锐捕捉上，还体现在企业内部资源的优化配置和整合上。当企业积累了一定的资源和能力后，也会主动寻求战略上的突破和创新，以推动企业的持续发展。然而，新的战略往往需要与之相匹配的组织结构来支撑，这就要求企业在战略调整的同时，也要考虑组织结构的相应变革，以确保战略的有效实施。

2. 组织结构的滞后性

与企业战略的前导性相比，企业组织结构的变化往往具有一定的滞后性。这主要是因为组织结构的调整涉及企业内部多个部门和岗位的重新配置以及权力、责任和利益的重新分配，是一个相对复杂和耗时的过程。在经济快速发展的背景下，这种滞后性可能更加明显，导致组织在战略变革过程中出现职责不清、效率低下等问题。因此，企业在制定新战略时，需要充分认识到组织结构滞后性的特征，合理规划组织结构变革的时间表和路径，以尽量缩短结构滞后的时间，确保组织结构能够尽快适应新的战略要求。

（二）与组织战略相匹配的组织结构

1. 防御型战略组织结构

防御型战略旨在保护企业现有的市场份额和竞争优势，避免竞争者的侵入。这种战略追求稳定的市场环境和稳定的收益，因此，在组织结构上，防御型战略的企业往往采用"机械式"组织结构，强调集权、标准化和效率。这

种组织结构通过明确的职责划分、严格的成本控制和集中的决策机制，确保企业能够在稳定的市场环境中保持高效运营。同时，通过正式的沟通渠道和层级结构，确保信息的准确传递和指令的有效执行。

2. 开拓型战略组织结构

开拓型战略强调创新和变革，追求在动态的市场环境中不断发现和抓住新的机会。为了实现这一目标，企业需要构建一种灵活、敏捷的组织结构，以适应市场的快速变化。这种组织结构应该鼓励员工的创新和冒险精神，提供充分的自主权和决策权，以便员工能够迅速响应市场变化，调整战略方向。同时，企业还需要建立有效的学习机制和知识共享平台，促进员工之间的交流与合作，不断提升企业的创新能力和市场竞争力。

3. 模仿型战略组织结构

模仿型战略通过模仿和借鉴其他成功企业的战略和产品，来降低自身的创新风险和成本。这种战略要求企业具备敏锐的市场洞察力和快速的响应能力，以便在竞争对手推出新产品或新服务后，能够迅速跟进并推出类似的产品或服务。在组织结构上，模仿型战略的企业需要建立一种高效的信息收集和分析机制，以便及时获取市场动态和竞争对手的信息。同时，企业还需要建立灵活的决策机制和执行机制，以便在获取有价值的信息后能够迅速做出决策并付诸实施。

（三）随机型战略组织结构及其与企业文化的关联

随机型战略是一种相对被动的战略选择，当企业在实施其他战略均无法取得成效时，可能会选择随波逐流，根据环境和竞争的变化来灵活调整自身的战略方向。然而，这种战略往往缺乏明确的目标和规划，容易导致企业在市场竞争中处于被动地位。因此，企业在选择随机型战略时，需要充分考虑自身的资源和能力状况以及市场和竞争环境的变化趋势，制订一套灵活而有效的战略实施计划。

此外，企业文化在战略实施过程中也发挥着至关重要的作用。卓越的企业文化能够激发员工的积极性和创造力，增强企业的凝聚力和向心力，为战略的有效实施提供有力的支持。因此，企业在制定和实施战略时，需要注重企业文化的建设和培育，确保企业文化与战略方向的一致性，为企业的持续发展奠定坚实的基础。

五、企业战略实施与企业文化的相互关系

（一）企业文化：企业战略制定与实施的精神引擎

企业文化，作为企业的灵魂和基石，深深植根于企业战略制定与实施的全过程。它不仅是领导者及领导层观念的体现，更是整个企业精神面貌和文化基础的反映。在日益激烈的市场竞争中，僵化、落后的企业文化无异于企业发展的绊脚石，它可能阻碍企业适应市场变化，甚至导致企业在竞争中败下阵来。因此，企业战略的制定必须建立在顺应现代市场经济发展规律和企业自身实际需求的企业文化基础之上。

正确的企业战略，能够指引企业在复杂多变的市场环境中保持正确的方向，实现健康、可持续的发展。然而，这一战略的制定并非易事，它要求企业领导者和其他成员必须确立并坚守正确的价值观和信念。只有当企业文化中蕴含着积极向上、勇于创新的精神时，企业才能制定出既符合市场趋势又符合自身实际的战略。可以说，企业文化是企业战略的精神动力，它决定着企业战略的方向和成败。

（二）企业文化：企业战略成功实施的密钥

企业文化中的共同价值观念，一旦深入人心形成习俗，就会像一股无形的力量，规范着员工的行为，引导着企业的方向。它通过价值体系、共同信仰和道德规范的建立，将企业的各种规章制度转化为员工自愿遵从的规范和自觉的行动。这种非正式的规范作用，能够减少企业内部的摩擦和内耗，营造一种和谐、积极向上的氛围，使员工在愉悦的环境中工作，从而提高企业的整体效能。

更重要的是，企业文化为员工提供了一个共同的精神家园。在这个家园里，员工们共享着相同的价值观、规范、风格和精神，这些元素凝聚着全体员工的智慧和力量，驱动着他们的使命感和荣誉感。在这样的文化氛围下，员工的热情被激发，意志被统一，他们愿意为了企业的共同目标而创造性地工作。因此，企业文化不仅是企业战略成功实施的关键，更是企业持续发展的不竭动力。

（三）企业文化：企业战略实施的"润滑剂"与"催化剂"

在企业战略实施的过程中，规章制度、计划要求等"刚性连接件"固然

重要，但企业文化这一"润滑剂"和"催化剂"的作用同样不可小觑。企业文化一旦形成，就会像一股强大的磁场，吸引着员工围绕共同的价值观和目标团结奋斗。在这种文化氛围下，员工们会自动调整自己的目标和行为，使之与企业的战略目标保持一致。

这种基于共同价值观的自我控制和员工之间的非正式监督，往往比正式的制度控制更为有效。因为它不是靠权力或监督来强制员工行为，而是基于员工对企业的情感联系和依附。当员工把遵守企业文化中的"混合原则"变为一种自觉的行动时，他们就会主动"修正"自己的行为，使之符合企业的战略目标。这种内生的动力机制，使得企业战略目标的实现变得水到渠成。

（四）企业文化与战略的适应与协调：挑战与机遇并存

随着企业规模的扩大和市场环境的变化，企业文化的培育和变迁面临着新的挑战。新成员的加入带来了新的文化元素和价值观念，这些元素可能与原有的企业文化产生冲突。因此，企业需要承担融合文化元素、形成新文化的任务。这一过程中，企业文化的滞后性可能成为企业战略实施的障碍。

同时，挑战往往与机遇并存。成功的企业善于抓住这一机遇，通过维护和完善企业文化体系中适应市场环境的内容，不断创新和尊重企业要素，利用规章制度来保持和强化企业文化的适应性。只有让企业文化与时俱进、与战略相协调，才能确保企业在激烈的市场竞争中立于不败之地。

然而，这一过程的实现并非易事。它需要企业领导者具备远见卓识和坚定的决心，需要全体员工共同努力、形成合力。在国有企业改革的过程中，一些企业之所以"换汤不换药"，就是因为它们没有成功实现企业文化的转型和升级。这些企业的员工包括管理层头脑中固有的观念难以改变，改革的力量相对弱小，无法克服"企业之车"原有的"运行惯性"。因此，企业在推进改革的过程中，必须充分认识到企业文化转型的重要性和艰巨性，采取切实有效的措施来推动企业文化的变革和创新。

第三节　战略评价

一、战略评价的性质

战略决策，作为企业发展的指南针，其重要性不言而喻。它直接关乎企业的长远发展和市场竞争力。因此，战略评价作为对战略决策效果进行检验和反馈的重要环节，其地位显得尤为关键。企业身处一个不断变化的动态环境中，内外部因素时刻在发生快速且剧烈的变化，这使得今天的成功并不能保证明天也能同样辉煌。因此，战略评价成为确保企业持续成功的重要手段。

战略评价的核心任务包括三个方面：首先，要深入检查企业战略的内在基础，确保其逻辑清晰、目标明确，且与企业实际情况相契合；其次，要对比预期结果与实际结果，分析差距产生的原因，为后续的调整提供依据；最后，根据评价结果，采取必要的纠偏行动，确保企业的绩效能够符合预期计划，从而推动企业持续健康发展。

然而，战略评价并非一项简单的任务。过度的评价可能会增加企业的成本负担，降低生产效率；而评价不足则可能导致问题被忽视，进而引发更严重的后果。因此，企业需要找到战略评价的平衡点，既要确保评价的全面性和准确性，又要避免过度评价带来的负面影响。战略评价的主要内容涵盖了战略的各个方面，包括战略与环境的适应性、资源的合理利用、风险的可接受性、实施的时间和进度安排以及战略的可行性等。

二、战略评价的准则

（一）一致性

战略的一致性是企业战略评价的首要准则。一个优秀的战略应该包含清晰、一致的目标和政策，避免内部冲突和部门间的分歧。当企业出现管理问题时，我们需要通过三条准则来判断这些问题是否由战略不一致所导致。首先，如果人事变动后管理问题依然存在，且问题似乎与特定的人无关，那么很可能是战略本身存在不一致性。其次，如果企业某个部门的成功被解读为另一个部门的失败，那么这种零和博弈的现象也暗示了战略的不一致性。最后，如果政策问题总是需要高层管理者出面解决，那么这也可能是战略不一致的信号，因为良好的战略应该能够在各个层级之间形成有效的协同和配合。

（二）协调性

协调性要求战略制定者在评价战略时，不仅要关注个体趋势，还要深入探究组合趋势。一个优秀的战略应该能够自适应地响应外部环境和内部变化，将企业的关键内部因素和外部因素进行有效匹配。然而，这并非易事，因为大多数趋势都是其他趋势交互作用的结果。因此，在制定战略时，我们需要综合考虑各种趋势的相互影响，确保战略能够全面、准确地反映企业的实际情况和未来发展方向。

（三）可行性

可行性是战略评价的重要准则之一。一个优秀的战略必须能够在企业的人力、物力和财力许可的范围内实施。在评价战略时，我们需要仔细分析企业的财务资源、人力资源以及其他可用资源，确保战略不会过度利用这些资源，也不会造成无法解决的派生问题。

（四）优越性

企业的战略必须能够创造和保持其在某一方面的竞争优势。这种优势可能来自资源、技能或地位等方面。在评价战略时，我们需要重点关注战略是否能够为企业带来这些方面的优势，并评估这些优势是否足够强大，能够抵御竞争对手的挑战。同时，我们还需要考虑地位优势的自维持性，即当关键的内部和外部因素保持稳定时，地位优势是否能够持续存在并为企业带来长期的竞争优势。

三、战略评价过程

战略评价对于各种类型和规模的组织都是必不可少的。为了确保战略评价的有效性和准确性，我们需要遵循一定的评价过程。首先，要对战略制定的前提假设进行质疑和审查，确保这些假设的合理性和有效性。其次，要对企业的目标和价值观进行深入的审视和思考，确保战略与企业的长远发展和核心价值观相契合。

无论企业的规模如何，要想有效开展战略评价，都需要各个层级的管理者进行走动式管理。通过接触一线员工、客户、供应商等利益相关者，了解收集实际情况和反馈意见，为战略评价提供有力的支持。同时，战略评价行动应该持续进行，而不是仅在战略周期结束时或者问题出现后才进行。通过持续而非定期地评价战略，我们可以及时发现并解决问题，调整战略方向，确保企业始终朝着预定的目标稳步前进。

在战略评价过程中，人的因素是决定性的。只有管理者和员工齐心协力、共同努力，才能够使企业朝着预定的目标不断迈进。因此，我们需要加强团队建设、提高员工素质、激发员工潜能，为战略评价提供有力的人才保障和智力支持。

四、战略评价的内容框架

（一）深入审查战略基础：全面洞察内外部环境

在进行战略基础审查时，公司需采取全面而细致的方法，从外部和内部两个维度深入剖析。外部分析主要聚焦于关键机会与威胁的识别，通过一系列问题引导思考，如竞争对手对我们的战略反应如何？他们自身战略有何调整？主要竞争对手的优劣势是否发生变化？这些变化的背后原因是什么？哪些竞争对手的战略更为成功？他们对当前市场地位和盈利能力是否满意？在何种情况下他们可能采取报复行动？我们如何更有效地与竞争对手合作以实现共赢？

内部分析则侧重于评估企业战略执行的实际情况，包括战略本身的有效性、实施过程的到位程度以及目标设定的合理性。企业需时刻警惕战略失效的风险，管理者和一线员工往往能更早地感知到市场变化和战略执行中的问题，因此，鼓励全员参与战略评价至关重要。

此外，企业还需实时监控内外部因素的变化，包括市场需求、技术革新、经济环境、竞争对手动态、人口结构变化以及政府政策等外部因素以及企业战略选择、实施效果、目标设定等内部因素。通过定期审视这些问题，如我们的内部优势是否依然稳固？能否进一步拓展新的优势？内部劣势是否得到改善或新增？外部机会是否仍然存在或已转化为新机遇？外部威胁是否持续存在或有所变化？我们是否面临敌意收购的风险？企业能够及时调整战略方向，确保与内外部环境保持高度契合。

（二）精准衡量企业绩效：定量与定性相结合

战略评价的第二步是精准衡量企业绩效，这是检验战略执行效果的关键环节。绩效衡量需综合考虑预期目标与实际结果的对比，深入调查偏离计划的原因，客观评价个人及团队绩效，并检验目标实现的程度。在衡量过程中，既要关注中长期目标的达成情况，也不能忽视短期目标的即时反馈。

战略评价标准应具备可度量性、易调整性，并注重对未来业务指标的预测。有效的控制机制需要建立在准确预测的基础上，以确保企业能够及时应对市场变化。当企业未能实现预期目标时，无论是中长期还是短期目标，都意味着战略调整的必要。导致目标未达成的因素可能多种多样，包括不合理的政策制定、未预见的经济波动、不可靠的供应链环节，或是战略本身的不切实际等。

在战略评价中，定量标准如投资收益率、股本收益率、利润率、市场份额等财务指标占据重要地位，它们为企业提供了直观的数据支持。然而，定量标准也存在局限性，如过度关注短期目标、会计方法差异导致的结果偏差以及判断过程中的主观性。因此，结合定性标准如员工忠诚度、客户满意度、创新能力等，能够更全面地反映企业战略执行的真实情况。

（三）果断采取修正行动：变革管理与全员参与

战略评价的最终目的是根据评价结果采取修正行动，以确保企业在未来竞争中占据有利地位。修正行动可能涉及组织结构的调整、人事变动、业务重组、愿景修正等多个方面，旨在提升企业整体效能和竞争力。同时，企业还需考虑设定或调整目标、出台新政策、融资策略、强化销售团队、资源重新分配以及绩效激励机制等具体措施。

在采取修正行动时，变革管理至关重要。随着企业规模的扩大，管理复杂性和出错率也随之增加。因此，负责某项业务的管理者必须全面监督参与者的行为及其成果，一旦发现行动或结果与预期不符，应立即采取纠正措施。商业环境的动荡与复杂要求企业具备强大的适应能力，而战略评价正是提升这一能力的有效途径。

变革往往伴随着压力和焦虑，但全员参与战略评价行动能够有效缓解这一情绪。通过让员工参与战略评价，他们能够更好地理解变革的必要性，感受到局势的可控性，并意识到采取行动的紧迫性，从而更容易接受和拥抱变革。

战略评价的结果可能导致战略制定或实施的改变，也可能两者都需要调整，或者保持原状。在采取修正行动时，企业应遵循以下原则：一是确保修正行动能够充分利用内部优势、抓住外部机会，同时有效应对外部威胁和弥补内部劣势；二是制定明确的时间表和合理的风险承受度，确保修正行动的内部一致性；三是通过修正行动增强企业在行业中的竞争地位，为企业的长远发展奠定坚实基础。

持续的战略评价不仅能够使战略制定者和执行者随时掌握战略执行情况，还能为战略管理系统提供有效信息，确保战略的有效性和适应性。通过不断审视、评估和调整，企业能够在激烈的市场竞争中保持灵活性和敏捷性，实现可持续发展。

五、战略评价方法与工具

（一）平衡计分卡：全面衡量战略绩效的利器

平衡计分卡作为一种先进的绩效管理工具，其核心理念在于从财务、顾客、内部流程、学习与成长等四个维度，对公司战略管理的绩效进行全方位、综合性的评价。这一方法不仅有效弥补了传统财务评估方法存在的滞后性、短期利益导向、内部利益偏重以及无形资产收益忽视等缺陷，更构建了一个将公司战略管理控制与绩效评估紧密相连的科学体系。

平衡计分卡的基本原理和流程可概括为以下三个关键步骤：首先，以组织的共同愿景与战略为基石，将宏大的愿景与战略目标细化为财务、顾客、内部流程、学习与成长四个方面的具体、可衡量的目标体系。这一步骤确保了战略目标的明确性和可操作性，为后续的绩效评价奠定了坚实基础。

其次，根据各责任部门在四个维度上的具体职责和目标，精心设计与之相对应的绩效评价指标体系。这些指标不仅涵盖了传统的财务指标，如收入、利润、成本等，还融入了顾客满意度、市场份额、内部流程效率、员工满意度等非财务指标，从而实现了对绩效的全面、多维度评估。

最后，由各主管部门与责任部门共同协商确定各项指标的具体评分规则。这一步骤确保了绩效评价的公正性和透明度，同时也激发了各部门参与战略管理的积极性和创造性。

（二）平衡计分卡的四个战略维度

1. 财务战略

财务战略是平衡计分卡的核心，它关注的是"如果我们成功了，我们应该如何对我们的股东负责"。财务目标作为战略执行的最终结果，直接反映了股东的核心关切。为了实现股东价值的最大化，企业可以采取收入增长战略和生产力战略两种基本策略。收入增长战略侧重于开拓新的收入来源和利润增长点，包括开发新产品、拓展新市场以及提升客户价值等。而生产力战略则着眼于通过降低成本、提高效率来增强企业的盈利能力。

2. 客户战略

客户战略聚焦于"为了实现我们的愿景，我们应该如何对我们的客户负责"。企业要想实现预期的财务目标，就必须深入了解客户需求，并提供满足其期望的价值。根据市场定位的不同，企业可以采取产品领先战略、客户至上战略或优异运营战略。产品领先战略强调在功能、特色和性能上的创新，以吸引和留住客户；客户至上战略则注重建立深厚的客户关系，通过个性化服务提升客户满意度；优异运营战略则致力于在价格、质量、交货期等方面提供卓越的服务，以赢得市场竞争。

3. 内部业务流程战略

内部业务流程战略关注的是"为了使我们的客户满意，我们必须使哪些内部流程达到卓越"。企业应根据所选的客户价值定位，优化和重塑内部业务流程。对于产品领先战略，创新流程是核心，需要快速研发新产品并推向市场；客户至上战略则强调客户管理流程的优化，如关系管理、解决方案开发等；而优异运营战略则要求企业在成本、质量、运营周期等方面实现高效管理，确保供应链的顺畅和高效。

4. 学习与成长战略

学习与成长战略是平衡计分卡中最为基础且长远的战略维度。它关注的是"为了实现我们的愿景，我们的组织必须如何学习与改进"。这一战略定义了组织所需的无形资产，包括员工的战略性技能、知识，支持战略实施的信息系统、数据库等工具以及激励员工、促进团队协作的文化氛围。学习与成长战略是实现长期、持续性变革的基石，它为企业提供了不断适应市场变化、持续创新的动力源泉。

（三）用平衡计分卡实现战略实施和绩效管理

平衡计分卡作为一种先进的战略管理和绩效评价工具，对于帮助企业实现战略目标和提升绩效水平具有重要意义。虽然每个企业都有其独特性，但在应用平衡计分卡时，仍有一些共性的步骤和原则需要遵循。

1. 公司的愿景与战略的建立与倡导

首先，公司必须明确其愿景和战略，这是构建平衡计分卡的前提和基础。愿景是公司的长远发展目标，而战略则是实现这一目标的具体路径和计划。对于多个事业部的企业而言，还需要根据整体战略制定各事业部的子战略。在明确愿景和战略后，企业应成立平衡计分卡小组或委员会，负责向全体员工、股东等利益相关者传达公司的愿景和战略，并设计出涵盖财务、客户、内部流程、学习与成长四个维度的具体目标。这些目标应紧密围绕公司的战略核心，确保战略的有效落地。

2. 绩效指标体系的设计与建立

在明确了公司的愿景和战略后，下一步就是设计和建立绩效指标体系。这一步骤的关键在于根据企业的战略目标，结合长短期发展的需要，为四个维度设计出关键绩效衡量指标。这些指标应既具有代表性，又能全面反映企业的战略意图。在设计过程中，需要自上而下、从内部到外部进行广泛的沟通和交流，征询各方面的意见，确保指标体系的科学性和合理性。同时，还要关注指标之间的因果关系、驱动关系和连接关系，确保指标体系的整体性和协调性。

3. 加强企业内部沟通与教育

为了确保平衡计分卡的有效实施，企业需要加强内部沟通与教育。通过各种不同的沟通渠道，如定期或不定期的刊物、信件、公告栏、标语、会议等，向全体员工传达公司的愿景、战略、目标与绩效衡量指标。这样不仅可以增强员工对平衡计分卡的理解和认同，还能激发员工的积极性和创造力，为战略实施提供有力的支持。

4. 定期回顾绩效衡量指标

在实施平衡计分卡的过程中，企业需要定期回顾和评估绩效衡量指标的达成情况。这包括确定每年、每季、每月的绩效衡量指标的具体数字，并与公司的计划和预算相结合。通过定期回顾各项指标的达成率，分析原因，制定修正措施，企业可以及时调整战略方向，确保战略目标的顺利实现。同时，这种回顾和评估也有助于发现指标体系中的不足和问题，为后续的完善和提高提供有力的依据。

5. 绩效指标体系的完善与提高

企业需要不断完善和提高绩效指标体系。这包括考察指标体系设计得是否科学、是否能真正反映企业的实际；关注采用平衡计分卡后绩效评价中的不全面之处，以便及时补充新的测评指标；以及关注已设计的指标中的不合理之处，坚决进行改进或取消。通过这种反复认真的改进过程，企业可以确保平衡计分卡更好地为战略目标服务，推动企业的持续发展和进步。

六、关键绩效指标法

（一）关键绩效指标的含义

关键绩效指标法是战略实施管理中的重要工具之一。它通过建立明确、切实可行的关键绩效指标体系，帮助企业有效评估和管理绩效。关键绩效指标具有以下几层含义：

首先，关键绩效指标是用于评估和管理被评估对象绩效的定量化或行为化的标准体系。这意味着关键绩效指标必须是可衡量的，无论是通过定量数据还是通过具体的行为描述来评估。如果无法满足这一特征，那么该指标就不符合关键绩效指标的要求。

其次，关键绩效指标是对企业战略目标有增值作用的绩效指标。这意味着关键绩效指标应紧密围绕企业的战略目标设定，通过对这些指标的评估和管理，可以推动企业战略目标的实现，并对企业的整体绩效产生积极的影响。

最后，通过在关键绩效指标上达成的承诺，管理人员与员工可以进行工作期望、工作表现和未来发展等方面的沟通与评估。关键绩效指标成了绩效沟通与评估的基石，为企业内部提供了共同的语言和标杆，有助于促进员工与管理者之间的有效沟通和协作，共同推动企业战略目标的实现。

（二）关键绩效指标的类型

常用的关键绩效指标如表 2-1 所示。

表 2-1　常用关键绩效指标

部门	指标名称	指标定义	设立目的
研发部门	新产品销售额比率增长率和老产品市场增长率	年度新产品订货额占全部销售订货额比率的增长率，老产品的净增幅	反映产品研发的效果，体现公司后劲的增长，坚持产品的市场检验标准
	人均新产品毛利增长率	计划期内新产品销售收入减去新产品销售成本后的毛利与研发系统员工平均人数之比的增长率	反映研发系统人员的平均效率，控制研发系统人员结构和改善研发管理

部门	指标名称	指标定义	设立目的
营销部门	销售额增长率	计划期内，分别按订货口径计算和按销售回款口径计算的销售额增长率	作为反映公司整体增幅和市场占有率提高的主要指标
	人均销售毛利增长率	计划期内，产品销售收入减去产品销售成本后的毛利与营销系统平均员工人数之比	反映营销系统货款回收责任的履行情况和效率，增加公司收入，改善现金流量
	销售费用率降低率	计划期销售费用支出占销售收入比率的降低率	反映销售费用投入产生销售收入的效果，促使营销系统更有效地分配和使用销售费用
采购部门	合格物料及时供应率提高率	计划期内，经 IQC 检验合格的采购物料及时供应的项次各占生产需求的物料采购项次的比率的提高率	反映采购系统管理供应商的能力以及对均衡生产的保障能力和响应能力
	人均物料采购额增长率	计划期内，到货的物料采购总额与采购系统平均员工人数之比	反映采购系统的生产率，促使其减人增效
	可比采购成本降低率	按代表性物料品种（重点是 A 类物品）计算的与上年同期比较或与业界最佳水平比较的采购成本降低率，在采购成本中包含采购系统的费用分摊额	降低物料采购综合成本
生产部门	及时齐套发货率增长率	计划期内生产系统按照订货合同及时齐套正确发货的产值占计划产值的比率	反映生产系统和公司整体的合同履约能力
	人均产值增长率	计划期内生产系统总产值与平均员工人数之比	反映生产系统的劳动生产率，促使其减人增效
	制造费用率降低率	产品制造成本中制造费用所占比率的降低率	促使生产系统降低制造费用

以上是一些常用的关键绩效指标，不同企业有不同特点，应根据自身特点设计关键绩效指标。

第三章

市场营销管理

第一节　目标市场营销

一、市场细分

（一）市场细分的概念及其深化

市场细分，作为市场营销策略中的关键环节，是从消费者视角出发，依托深入的市场调研，依据消费者需求、购买动机、消费行为模式及消费习惯等多维度的差异性和多元性，将整体市场精准划分为若干个具有相似特征的消费者群体的过程。这一过程不仅涉及对目标客户群体的精确识别，还涵盖了对目标产品、市场营销策略及市场关系的细致划分。随着市场环境的日益复杂与消费者需求的不断升级，市场细分理论也在实践中不断演进与完善，逐渐分化为两个前沿方向：超市场细分理论与反市场细分理论。超市场细分理论强调对市场进行更精细的切割，力求实现一对一的个性化服务，以满足消费者日益增长的定制化需求；而反市场细分理论则主张通过整合过度细分的市场、精简产品线来降低运营成本，从而以更具竞争力的价格服务于更广泛的市场群体。

（二）市场细分理论的发展历程与阶段特征

市场细分理论作为市场营销学的核心组成部分，其发展历程可大致划分为三个标志性的阶段，每一阶段都伴随着市场营销实践的深刻变革。

1. 大量营销阶段

此阶段的市场环境以供不应求为主要特征，企业倾向于采用大规模生产与销售同质产品的策略，以利用规模经济降低生产成本和营销成本，实现经济效益的最大化。然而，这种"一刀切"的策略忽视了消费者需求的多样性，随着市场的饱和与消费者偏好的分化，其局限性日益凸显，促使企业向更加精细化、个性化的营销策略转型。

2. 产品多元化营销阶段

面对消费者需求的多样化，企业开始尝试生产与销售多种不同规格、风格与特色的产品，以期满足更广泛消费者的需求。尽管这一阶段的产品线得到了丰富，但企业的营销策略仍未完全建立在市场细分的基础之上，产品多元化的背后缺乏对市场需求的精准定位与分析，导致营销效果有限，仍需进一步优化与升级。

3. 目标市场营销阶段

在这一阶段，企业开始运用市场细分工具，精准识别并锁定一个或多个具有共同特征的细分市场作为目标市场，通过深入研究目标消费者的需求特征，设计并推广符合其特定需求的产品与服务，同时结合精准的定价策略、分销渠道与促销手段，实现市场营销活动的高效与精准。这一阶段标志着市场营销从盲目的大众化营销向精准的目标市场营销转变，是企业市场营销策略成熟与完善的标志。

（三）市场细分对企业发展的重要作用

市场细分不仅是企业实现市场战略目标的前提与基础，更是其巩固现有市场、拓展新市场、提升竞争力与经济效益的关键所在。具体而言，市场细分对企业发展的作用主要体现在以下几个方面。

巩固现有市场：通过市场细分，企业能够深入了解不同消费者群体的需求差异，从而提供更加贴合消费者期望的产品与服务，增强消费者忠诚度，稳固现有市场份额。

发现新市场机会：市场细分使企业能够敏锐捕捉市场中的潜在需求与新兴趋势，为开发新产品、拓展新市场提供有力依据，助力企业在激烈的市场竞争中抢占先机。

优化资源配置：通过市场细分，企业能够集中有限资源于最具潜力的目标市场，通过精准的市场定位与营销策略，实现资源的高效利用与营销效果的最大化。

提升竞争力与经济效益：有效的市场细分策略能够帮助企业构建差异化竞争优势，提升产品与服务的附加值，进而提高企业的市场份额与盈利能力，为企业的长期发展奠定坚实基础。

市场细分是企业市场营销策略中不可或缺的一环，它不仅能够帮助企业精准识别与满足目标消费者的需求，还能够助力企业在激烈的市场竞争中脱颖而出，实现可持续发展。

（四）市场细分的原则

1. 可衡量性细分市场原则

这一原则强调，在进行市场细分的过程中，所依据的细分标准、变量以及最终形成的各个细分市场，必须具备清晰的可识别性和可度量性。这意味着，细分市场之间的界限应当明确，差异应当显著，且能够在实际操作中进行有效的量化和评估。如果细分后的市场边界模糊，或者细分变量的特性难以准确把握，那么这样的市场细分将难以实施，也无法为企业制定有效的市场营销策略提供有力支持。因此，企业在选择细分标准时，应确保其具有客观、可量化的特点，以便能够准确描述和界定各个细分市场的特征。

同时，可衡量性还意味着企业能够收集到足够的数据和信息来评估各个细分市场的规模、增长潜力以及竞争状况等关键指标。这些数据不仅有助于企业了解细分市场的现状，还能为其预测未来趋势、制定市场策略提供有力依据。

2. 可进入性细分市场原则

可进入性细分市场原则是指，企业在选择目标市场时，必须确保自己能够顺利进入并开展有效的市场营销活动。这一原则强调了企业对目标市场的可达性和可操作性。即使某个细分市场看起来非常具有吸引力，但如果企业无法进入或者无法在其中有效地开展营销活动，那么这个市场对于企业来说就没有实际意义。

因此，企业在选择细分市场时，需要充分考虑自身的资源、能力、技术条件以及市场环境等因素，评估自己是否具备进入并服务该市场的能力。同时，企业还需要考虑市场竞争状况、法律法规限制以及文化习俗等因素，以确保自己能够在目标市场中顺利开展业务。

（五）市场细分的程序

市场细分是一个系统而有序的过程，通常遵循以下步骤进行。

1. 确定市场范围

企业首先需要明确自己的经营条件和经营能力，从而确定市场的进入范围。这包括选择进入哪个行业、生产什么类型的产品或提供何种服务。这一步骤是市场细分的基础，也是后续工作的前提。

2. 罗列潜在顾客需求

在确定了市场范围后，企业需要尽可能全面地罗列潜在顾客的基本需求。这些需求将作为后续市场细分的重要依据。企业可以通过市场调研、问卷调查等方式来收集相关信息，以便更准确地了解顾客的需求和期望。

3. 初步划分市场

在收集到足够的需求信息后，企业需要对这些需求进行深入分析，并根据细分标准对潜在顾客进行初步分类。这一步骤旨在将具有相似需求的顾客归为一类，形成初步的细分市场。

4. 筛选细分市场

接下来，企业需要对初步划分的细分市场进行进一步的筛选和评估。根据有效市场细分的条件，去除那些不符合要求或没有价值的细分市场，确保最终选择的细分市场具有可行性和营利性。

5. 为细分市场定名

为了方便后续的操作和管理，企业可以为每个细分市场起一个简洁明了的名称。这些名称应能够准确反映细分市场的特征和属性，便于企业内部沟通和外部宣传。

6. 复核细分市场

在确定细分市场后，企业还需要对其进行复核和验证。这一步骤旨在确保细分市场的准确性和有效性，避免因为信息不准确或分析不当而导致的决策失误。

7. 决定细分市场规模与选定目标市场

最后，企业需要根据各个细分市场的规模、增长潜力以及竞争状况等因素，决定每个细分市场的价值，并从中选择与企业自身经营优势和特色相一致的市场作为目标市场。这一步骤是市场细分的最终目的，也是企业制定市场营销策略的重要依据。

二、目标市场选择

（一）目标市场的含义

目标市场是指企业在市场细分的基础上，根据自身条件和市场需求所选择的、决定要进入并为之提供产品或服务的特定市场。在现代市场经济条件下，由于顾客需求的多样性和分散性，任何企业都无法满足所有顾客的所有需求。因此，企业需要明确自己的目标市场，并针对这些市场制定相应的市场营销方案。

目标市场的选择和确定是企业制定市场营销战略的基本出发点。通过明确目标市场，企业可以更加清晰地了解自己的市场定位、竞争优势以及目标客户群体的需求特征，从而制定更加精准和有效的市场营销策略。同时，目标市场的选择也有助于企业集中资源、优化资源配置，提高市场营销的效率。

（二）目标市场的模式

在市场细分之后，企业需根据项目的具体情况、自身的优势资源以及经营目标等多重因素，对希望进入的细分市场进行深入的判断和选择。目标市场的模式，作为市场战略的重要组成部分，主要涵盖以下五种类型。

1. 市场集中化模式

市场集中化模式，顾名思义，即企业集中全部力量于一个特定的细分市场，通过专注于这一市场，力求在单一的经营对象中取得较高的市场占有率。此模式尤其适合资源有限、实力相对较弱的小型企业，能够帮助它们有效规避资源分散带来的风险，集中力量办大事。然而，这种模式的局限性在于目标市场范围相对狭窄，一旦市场发生变化，企业的经营风险会相对较高。

2. 产品专业化模式

产品专业化模式是指企业专注于开发一种产品，并努力向多个目标市场的客户群体推广这种产品。通过这种模式，企业能够扩大市场受众规模，降低对单一细分市场的依赖，同时集中资源提升产品的专业度和品牌美誉度。然而，若产品过于单一，可能难以满足日益多样化的消费者需求，导致市场竞争力下降。

3. 市场专业化模式

市场专业化模式则是企业专门针对某个细分市场，提供满足该市场各种主要需求的产品。这种模式有助于企业深入了解和满足特定目标客户群的需求，从而建立长期稳定的客户关系，降低交易成本。但这也意味着企业需要对该市场有深入了解和精准把握，否则可能面临市场萎缩的风险。

4. 选择专业化模式

选择专业化模式是一种相对灵活的目标市场选择方式。企业根据自身的经营目标和资源状况，选择若干个相互之间联系较少或根本无联系的细分市场，分别进入并赚取利润。这种模式有助于企业分散经营风险，提高市场适应能力。然而，这也对企业的经营能力和市场洞察力提出了较高的要求。

5. 市场全面化模式

市场全面化模式是企业通过开发各种产品来满足各细分市场的需求，实现市场的全面覆盖。这种模式需要企业具备雄厚的实力和丰富的运营能力，通常只有大型企业才能采用。在经济全球化日益加深的今天，如何将目标市场的选择与企业经营目标以及消费者的多层次需求进行有效整合，成为企业面临的重要课题。

三、目标市场定位

（一）目标市场定位的概念

目标市场定位，简而言之，就是企业通过对自身产品的设计和定位，使其在目标消费者心中形成独特的个性或形象，从而与竞争对手区分开来，取得竞争优势。这种定位不仅涉及产品定位、企业定位、竞争定位、消费者定位等多个方面，还体现在产品差别化、服务差别化、人员差异化、形象差异化等多种形式上。与传统的产品差异化不同，目标市场定位更注重从消费者的角度出发，寻找并满足消费者的独特需求，从而在激烈的市场竞争中脱颖而出。

（二）目标市场定位的实质

目标市场定位的实质在于，它并非简单追求产品的差异或创新，而是要在深入了解消费者需求和竞争对手市场位置的基础上，找到并占据市场上的空白位置。这是一个以消费者为中心的动态过程，需要企业不断调整和优化自身的市场定位策略。

首先，目标市场定位强调以消费者需求为导向。与传统营销中由产品决定市场的做法不同，目标市场定位要求企业首先了解消费者的需求和期望，然后以此为基础来确定自身的产品和服务。这意味着企业需要将产品市场的主导权和决定权交给消费者，通过满足消费者的独特需求来赢得市场。

其次，目标市场定位的步骤与传统营销有所不同。传统营销通常先确定产品或服务，然后寻找目标市场，最后通过营销手段将产品优势传递给消费者。而目标市场定位则要求企业首先研究和调查潜在消费者，了解他们心智方面的空缺，并分析哪些空缺可以被企业充分利用。在此基础上，企业确定目标市场，并提供某一类产品或服务，直至在消费者心中占据独特的位置。这种以消费者为中心的定位方式，有助于企业更好地满足消费者需求，提升市场竞争力。

四、目标市场定位的主要方法

（一）定位基础的消费者认知

所谓基础的消费者认知，其核心在于从用户的实际需求出发，深入挖掘并精准定位自己的目标消费群体。这一步骤对于企业的市场定位至关重要，它决定了企业后续营销策略的制定与执行效果。

1. 发现并精确定位目标消费者

许多企业在市场定位时往往陷入一个误区，即将大众视为自己的目标消费者，缺乏明确、具体的目标定位。这种做法不仅难以形成有效的市场策略，还可能导致资源浪费和营销效果不佳。实际上，精准、具体的目标消费群才是企业找准市场定位的关键。

精准定位目标消费群并非简单地搜集人口统计资料，如年龄、性别、学历等，这些信息虽然重要，但对于营销与定位来说，其意义相对有限。真正的精准定位应该跨越这些基础属性，深入挖掘消费者在消费模式、品牌偏好、个性特征等方面的共同点。这些共同点才是决定消费者是否愿意购买企业产品的关键因素。

为了实现这一目标，企业需要运用市场调研、数据分析等手段，深入了解目标消费群体的需求和偏好，从而找到与自己产品最匹配的消费者群体。

2. 运用心智阶梯研究顾客消费思维

在确定了目标消费群体后，企业还需要深入了解他们的消费思维和决策过程。心智阶梯理论为我们提供了一个有效的分析框架。

心智阶梯是指消费者在购买某类产品时，心中会形成一个由多个品牌构成的排序列表。消费者在购买时，往往会从心智阶梯的顶端开始考虑，直到找到满意的选项。因此，企业要想让目标消费者认识并接受自己的产品，就必须努力占据心智阶梯中尽可能靠前的位置。

要实现这一目标，企业需要深入分析消费者的购买标准和理由，包括产品的物理特性和精神特性。物理特性是指产品本身的功能、性能等客观属性，如去污清洁用品的去油脂、去色素酸等能力。而精神特性则是指产品所承载的情感价值、品牌形象等主观感受，如海底捞所提供的优质服务所带来的愉悦体验。

在了解消费者心智阶梯的基础上，企业还需要关注其两大特性：物理特性和精神特性。通过深入分析这些特性，企业可以找到消费者心智方面的空缺，从而精准定位自己的产品。同时，企业还需要不断关注市场动态和消费者需求的变化，及时调整自己的定位策略，以确保在激烈的市场竞争中保持领先地位。

（二）定位导向的竞争对手

在确定了目标消费群体和消费者心智阶梯后，企业还需要关注竞争对手的动向，以确保自己的定位策略能够有效应对市场竞争。

1. 界定主竞争对手

实体店老板在界定竞争对手时常常陷入误区，如认为竞争对手太多无法分清主次、认为自己没有竞争对手或只与自己比等。这些观念都是错误的。实际上，市场是充满竞争的，无论在哪个行业、哪个领域，都会面临品类或品牌的竞争。

　　为了有效应对竞争，企业需要界定自己的主竞争对手。主竞争对手是指那些市场份额较大、产品与自己的产品互为替代关系且能够凸显自身优势的竞争对手。界定主竞争对手时，企业可以遵循以下三条标准：首先，主竞争对手的市场份额应该比自己大，这样才有抢占其市场份额并壮大自己的可能性；其次，对方的产品应该与自己的产品存在替代关系，这样才能在同一竞技场上展开竞争；最后，在替代过程中，企业要能够凸显出自己的优势，优势越明显，定位的作用就越大。

　　通过界定主竞争对手，企业可以更加明确自己的市场定位和发展方向，从而制定更加有效的营销策略和竞争策略。

　　2. 发觉顾客购买对手产品的理由

　　要想在竞争中脱颖而出，企业还需要深入了解顾客购买竞争对手产品的理由。这可以通过直接询问顾客的想法来实现，但更重要的是将自己置于顾客的角度，抛开产品和相关知识，以客观、中立的态度去评价竞争对手的产品和服务。

　　通过深入了解顾客购买对手产品的理由，企业可以发现自己产品的不足之处和竞争对手的优势所在，从而及时调整自己的产品定位和营销策略。同时，企业还可以从中挖掘出潜在的市场机会和消费者需求，为未来的产品创新和市场拓展提供有力支持。

第二节　市场营销管理及其过程

一、市场营销组织的管理

（一）市场营销团队管理

　　市场营销团队管理功能作为企业管理体系中的关键环节，对于提升市场营销团队的整体效能、优化销售流程以及增强团队凝聚力具有至关重要的作用。该功能不仅涵盖了团队基本信息管理、失效管理，还涉及团队教育培训管理等多个方面，以确保团队能够高效、有序运作。

1. 团队基本信息管理

团队基本信息管理是市场营销团队管理功能的基础，它涉及团队从建立到日常运营的全过程信息管理。在团队登记环节，系统不仅支持查询、添加、修改、删除等基本操作，还要求填写详尽的团队信息，如序号、团队代码、团队名称、上级机构等，以确保团队信息的准确性和完整性。此外，通过团队代码维护功能，可以方便地对团队代码进行更新和维护，保证团队信息的时效性。

团队主管指定功能则进一步强化了团队管理的灵活性。无论是新团队的组建，还是现有团队的主管调整，都可以通过主管指定、主管互调和主管变更等子功能轻松实现。这些操作不仅简化了管理流程，还有助于提升团队的稳定性和执行力。

团队信息维护和团队关系维护则是确保团队信息准确和团队结构清晰的重要保障。通过定期更新团队名称、团队级别等关键信息以及维护父子团队之间的关系，可以确保团队信息的实时性和准确性，为团队管理和决策提供有力支持。

2. 失效管理

失效管理功能在市场营销团队管理中扮演着"清道夫"的角色。它通过对团队和主管效力的有效管理，及时清理无效或低效的团队和主管，保证团队的整体质量和业务水平。在团队失效管理中，系统提供了查询、有效、冻结、失效等多样化的操作选项，方便管理人员对团队状态进行实时监控和调整。

主管失效管理则更加注重对主管人员的动态管理。当主管人员因各种原因无法继续履行职责时，通过主管失效管理功能可以迅速取消其主管职责，同时保留其团队成员身份，确保团队运作的连续性和稳定性。

3. 团队教育培训管理

团队教育培训管理是提升市场营销团队业务水平和业务能力的重要途径。通过系统提供的团队教育培训查询和团队教育培训维护功能，企业可以轻松地制订和执行培训计划，跟踪和评估培训效果。在培训查询环节，系统支持根据团队代码和团队名称进行精确或模糊查询，方便管理人员快速定位需要培训的团队。

而在培训维护环节，系统则涵盖了培训级别、培训类型、培训内容、培训时间、培训地点等多个关键数据项，确保培训计划的全面性和针对性。此外，通过记录培训表现、考试结果以及培训费用等信息，企业还可以对培训效果进行量化评估，为后续的培训计划提供数据支持。

市场营销团队管理功能通过团队基本信息管理、失效管理以及团队教育培训管理等多个方面的综合施策，为企业的市场营销团队提供了全方位、多层次的管理支持。这不仅有助于提升团队的整体效能和业务水平，还能有效增强团队的凝聚力和战斗力，为企业的长远发展奠定坚实基础。

（二）市场营销人员管理

1. 人员基本信息管理

人员基本信息管理是企业人力资源管理的基石，它涵盖了从员工入职到离职的整个生命周期管理。增员管理作为首要环节，不仅涉及新员工的入职审核与查询，还确保了人员信息的及时录入与更新。在资质证书信息维护方面，系统详细记录了每位员工的证书有效期、类型及备注，为企业的合规运营提供了有力支持。劳动代理合同维护则关注员工与企业的契约关系，包括合同编号、类型、签订与终止日期以及违约处理情况，确保双方权益得到妥善保护。

人员信息登记管理进一步细化了员工信息的维度，从基本信息到入司详情、担保人资料、资格证书、合同记录再到教育培训经历，全方位构建了员工的信息档案。其中，基本信息如身份证号、姓名等是识别员工身份的基础；入司相关信息则反映了员工的职业路径与成长轨迹；担保人信息为企业的风险管理提供了额外保障；资格证信息确保了员工具备从事特定工作的资质；合同信息明确了双方的权责关系；而教育培训信息则记录了员工的成长与学习历程，为企业的持续发展储备人才。

奖惩信息是激励与约束并重的管理手段，通过记录员工的奖惩记录，不仅能够激发员工的积极性与创造力，还能够对不当行为进行警示与纠正。查询功能的设计，使得管理者能够快速定位到特定员工或团队的奖惩情况，为决策提供数据支持。

2. 人员异动管理

人员异动管理是企业内部人力资源配置的重要机制，它支持员工在相同渠道下的有效业务团队之间流动，以适应市场变化与企业战略调整的需要。异动申请环节，系统要求填写异动前后的团队代码与名称以及异动原因，同时自动关联员工的基本信息与当前团队，确保信息的准确性与连贯性。审批流程的设置，则确保了异动的合理性与合规性，上级主管的审批意见是异动生效的关键。

审批通过后，系统会自动更新员工的团队归属关系，并在下个月开始生效，确保了异动管理的时效性与准确性。异动查询功能则提供了灵活的查询条件，如人员代码、异动时间等，便于管理者随时掌握员工的异动情况，为人力资源规划提供数据支撑。

3. 职级管理

职级管理是企业员工职业发展路径的重要组成部分，它涉及员工的职级晋升、降级与调整。职级变更申请环节，员工或管理者需填写人员代码、姓名等基本信息以及当前职级与推荐职级，为职级变更提供依据。确认环节则是对申请进行复核与确认，确保职级变更的合理性与公正性。查询功能则支持按年份、月份、团队等多维度进行筛选，便于管理者全面了解员工的职级变动情况，为人才选拔与培养提供决策依据。

4. 人员教育培训管理

人员教育培训管理是企业提升员工素质与技能的重要途径。个人教育培训查询功能允许员工或管理者查看个人的培训记录，包括培训内容、表现、时间等关键信息，为员工的自我提升与职业发展提供指导。个人教育培训维护功能则支持对培训记录的添加、修改与删除，确保培训数据的准确性与完整性。通过教育培训管理，企业能够系统地规划与实施员工培训计划，提升团队的整体竞争力。

5. 人员考核保护管理

人员考核保护管理是针对企业员工考核过程中的特殊情况而设计的保护机制。考核保护申请环节，员工或管理者需填写营销人员代码、姓名等基本信息以及营销团队代码与名称，为考核保护提供依据。审批环节则是对申请进行复核与审批，确保考核保护的合理性与公正性。查询功能则支持按多种条件进行筛选，如考核月、团队等，便于管理者全面了解员工的考核保护情况，为考核决策提供参考。通过考核保护管理，企业能够确保考核过程的公平性与合理性，激发员工的积极性与创造力。

二、市场营销组织的优化

（一）组织优化的相关理论

1. 组织优化理论

组织优化理论旨在通过改进和优化组织结构、流程和管理方式，提升组织的整体效能和竞争力。其中，领导行为理论和沟通理论是组织优化理论的重要组成部分。

（1）领导行为理论

领导行为理论深入探讨了领导者的行为风格对组织领导有效性的影响。这一理论源于欧美等发达国家早期的研究，如勒温的三种领导方式理论、领导联系一理论以及领导四分图理论等。这些理论从两个核心维度出发：一是对人的关心，即领导者如何关注、激励和培养团队成员；二是对生产的关心，即领导者如何关注任务完成、效率提升和生产力发展。同时，领导行为理论还考察了上级的控制程度与下级参与决策的程度，以此分析不同领导风格对组织效能的深远影响。

（2）沟通理论

沟通理论，由美国哈佛大学政治学教授卡尔多伊奇创立，以控制论为基石，逐渐发展成为解释社会政治现象的重要工具。在组织优化领域，沟通理论强调信息的传递、交流和理解对于组织决策、协调和执行的重要性。通过有效的沟通机制，组织能够更好地整合内外部资源，促进知识共享，提升团队协作效率，从而实现组织的持续优化和发展。

2. 发展战略理论

发展战略理论是企业制定和实施长期发展规划的重要指导框架，它包括发展战略分析、发展战略选择、发展战略实施和发展战略调整四个关键环节。

（1）发展战略分析

发展战略分析是企业战略规划的起点，它要求企业全面审视自身所处的外部环境和内部条件，识别出影响未来发展的关键因素。普拉哈拉德教授提出的兼容和协调理论强调了新技术与行业发展趋势的契合度对企业战略制定的重要性。战略分析的具体内容包括明确企业的使命和目标，分析外部环境的机遇与威胁，评估内部资源的优势与劣势以及预测利益相关者可能的反应。

（2）发展战略选择

在完成了自我认知的战略分析后，企业需要进入战略选择的阶段。战略选择涉及制定和评估多个可行的战略方案，并从中选出最符合企业长远利益的战略。这一过程包括三个步骤：首先，制订多样化的战略方案，确保从不同角度和层次出发，全面覆盖企业的可能发展方向；其次，对方案进行综合评估，考虑其对企业优势的发挥、劣势的克服以及利益相关者利益的满足程度；最后，根据评估结果选择最终的战略方案，这一过程可能需要借助外部专家的专业知识和经验，或经过上级管理部门的审核和决策。

（3）发展战略实施

战略实施是将选定的战略转化为具体行动和成果的过程。它要求企业合理配置和优化各层级的资源，有效筹集和利用外部资源，调整组织结构以适应战略需求，处理利益再分配问题以及调整企业文化以支持战略实施。此外，企业还需关注战略实施过程中的不适应性问题，并及时采取措施进行解决和优化。

（4）发展战略调整

战略调整是企业在面对内外部环境变化时，对既定战略进行适时修改和优化的过程。艾伦等企业家强调，企业发展战略应是一个动态的过程，需要随着内外部环境的变化而不断调整和完善。通过战略调整，企业能够确保战略的有效性和适应性，从而持续推动企业向既定目标迈进。

（二）组织优化的原则

1. 服务客户原则

服务客户原则强调企业应以满足客户需求为核心，这里的"客户"不仅指个人消费者，还包括企业客户、社会团体、政府机构以及企业内部的其他部门与人员。企业应深入理解各类客户的需求，通过不断优化服务流程、提升服务质量，来赢得客户的信任与忠诚。服务客户原则要求企业建立以客户为中心的组织架构，确保各部门的工作都紧密围绕客户需求展开，从而为企业产品和服务提供坚实的市场基础与支持。

2. 确保稳定原则

在组织变革过程中，确保稳定原则至关重要。企业在引入新的管理制度和服务体系之前，应维持现有制度的稳定运行，确保企业运营不受影响。这包括保持生产流程的顺畅、客户服务的连续以及员工队伍的稳定。通过逐步过渡和有序调整，企业可以在确保稳定的前提下，实现新旧制度的平稳对接，为后续工作的顺利开展奠定坚实基础。

3. 业绩增长原则

业绩增长是企业组织变革的直接目标。企业应充分利用自身资源和技术优势，深入挖掘市场需求，拓展市场范围，以提高销售额和利润率。业绩增长原则要求企业不断优化产品结构和营销策略，提升市场竞争力，同时加强成本控制和风险管理，确保企业利润的持续增长。

4. 集约化原则

集约化原则强调企业在组织变革中应注重资源的优化配置和高效利用。通过加强内部管理，提高运营效率，实现资源的集约化使用。企业应建立科学的决策机制，合理配置资金、人力和物力资源，通过集团化运作和协同管理，提高整体市场效益和竞争力。

5. 信息化原则

信息化原则是现代企业组织变革的重要特征。企业应充分利用信息技术手段，建立高效的信息平台，实现项目、客户资源、应收账款等信息的实时管理和共享。通过信息化手段，企业可以更加准确地把握市场动态，及时调整战略方向，规避潜在风险，提高决策效率和执行力。

6. 协同发展原则

协同发展原则要求企业在市场营销组织体系管理中既要保持整体的统一性，又要激发下属和员工的积极性和创造力。企业应遵循政府政策和市场规律，确保所属企业保持"公转"，即围绕企业整体战略和目标运转。同时，也要给予下属和员工充分的营销自主权，鼓励他们根据市场变化灵活调整策略，实现良性发展。通过协同管理，企业可以形成强大的合力，推动整体业绩的持续提升。

（三）组织优化的保障

1. 提升营销组织能力

提升营销组织能力是组织优化的关键。企业应高度重视市场营销体系的建设，将其置于企业战略的核心位置。通过加强市场营销服务体系的管理，树立大局意识，推动全员参与营销工作。企业应建立专门的市场营销体系优化小组，明确职责分工，确保各项工作有序进行。同时，要加强团队协作和方案实施能力，预防各类风险，建立风险预防机制。此外，监督工作也至关重要，要确保监督部门的独立性和服务性，切实发挥监督作用。同时，企业还应建立完善的市场营销服务管理制度和市场项目目标管理制度，确保营销策略的顺利实施和目标的实现。

2. 加强企业文化建设

企业文化是企业发展的灵魂和基石。通过加强企业文化建设，可以凝聚员工力量，激发员工的归属感和使命感。企业应倡导积极向上的价值观和行为准则，营造和谐、进取的工作氛围。通过举办各种文化活动、培训和学习机会，增强员工对企业的认同感和忠诚度。同时，企业还应注重企业文化的传承和创新，不断适应市场变化和员工需求的变化，使企业文化成为推动企业发展的强大动力。

3. 建立完善绩效考核管理机制和激励约束机制

为了激发员工的积极性和创造力，企业应建立完善的绩效考核管理机制和激励约束机制。通过科学合理的绩效考核体系，对员工的业绩进行客观评价，并根据考核结果进行奖惩。同时，企业应设立明确的激励措施和约束机制，如奖金、晋升、培训机会等，以激发员工的工作热情和创造力。通过绩效考核和激励约束机制的有机结合，企业可以形成有效的激励机制和约束机制，推动员工个人目标与企业整体目标的协同实现。

三、市场营销的计划

市场营销计划是企业实现营销目标、提升市场竞争力的核心文件，它基于深入的市场调研、科学的预测以及企业的经营方针，为一定时期内的营销活动提供了明确的方向和行动指南。

（一）市场营销计划的含义

市场营销计划不仅是对市场环境和市场需求的综合反映，更是企业营销策略的具体体现。它要求企业在全面分析市场状况、把握消费者需求的基础上，结合自身的经营特点和资源优势，制定出切实可行的营销目标和行动方案。这些目标和方案不仅具有明确性、可衡量性，还要具备可操作性和时效性，以确保营销活动的顺利进行和营销目标的实现。市场营销计划的制订和实施，对于提高企业营销活动的针对性和有效性、降低营销风险、提升企业市场竞争力具有重要意义。

通过市场营销计划，企业能够明确营销的方向和目标，使各项营销活动都紧密围绕营销目标展开，从而避免盲目性和随意性。同时，市场营销计划还能够帮助企业识别市场机会和潜在风险，为企业的营销决策提供依据，使企业在市场竞争中占据有利地位。

（二）市场营销计划的内容

市场营销计划的内容丰富多样，但无论哪种类型的营销计划，都应包含以下基本要素。

1. 市场营销计划概要

计划概要作为市场营销计划的开篇部分，起着提纲挈领的作用。它应简要介绍计划制订的背景、目的、主要内容和预期效果，让阅读者能够快速了解计划的核心要点。同时，概要还应包括计划的总体目标、任务对象以及建议事项等，为后续内容的展开奠定基调。

2. 市场营销目标

市场营销目标是市场营销计划的核心，它明确了企业营销活动的最终追求。这些目标通常分为整体目标和特定目标两类。整体目标旨在为企业和市场规划提供宏观指导，如增加市场份额、提升品牌知名度等；而特定目标则更加具体，如销售收入、销售利润率、市场份额增长等，这些目标具有可衡量性，便于企业对营销效果进行评估和调整。

3. 市场营销行动方案

行动方案是市场营销计划的具体实施计划，它详细描述了营销活动的具体内容、时间、地点、执行人员以及实施方式等。行动方案应具有高度的可操作性和细节性，确保营销活动能够按照计划有序进行。同时，行动方案还应考虑各种可能的风险和应对措施，以确保营销活动的顺利进行。

此外，市场营销计划还应包括市场营销现状、机会与威胁分析、市场营销策略、费用预算以及控制方法等内容。这些部分共同构成了市场营销计划的完整框架，为企业营销活动的顺利开展提供了有力保障。

（三）市场营销控制方法

市场营销控制是市场营销计划执行过程中的重要环节，它通过对计划执行情况的监督和检查，确保营销目标能够如期实现。市场营销控制一般采取将计划目标和预算按月份或季度分解的方式呈现，以便企业市场营销管理部门进行有效的监督和管理。同时，企业还应制定应急方案，以应对计划执行过程中可能出现的各种危机和困难。这些应急方案应包括危机发生的概率、危害程度以及相应的应对措施等，以确保企业在面对突发情况时能够迅速做出反应，降低损失。

市场营销计划是企业营销活动的重要指南，它为企业提供了明确的方向和行动纲领。在制订市场营销计划时，企业应充分考虑市场环境和消费者需求的变化，确保计划的灵活性和适应性。同时，企业还应加强市场营销控制的力度，确保计划能够得到有效执行，从而实现企业的营销目标。

第三节　营销活动的组织和控制

一、营销计划

（一）营销计划的含义

1. 营销计划主体

营销计划的主体，即参与计划制订与实施的所有人员或组织，是营销计划的核心力量。这些主体不仅应具备高尚的职业道德品质，以确保营销活动的诚信与公正，还需拥有深厚的专业知识，以应对复杂多变的市场环境。同时，活跃的创新思维也是不可或缺的，它能帮助主体在激烈的市场竞争中找到突破口，实现差异化竞争。而优秀的执行力，则是将计划转化为实际成果的关键。营销主体的综合素质与能力，直接决定了营销计划的成败，是营销计划中最为关键的一环。

2. 营销计划客体

营销计划的客体，主要指的是计划制订过程中所面临的外部环境和竞争态势。在制订营销计划时，必须全面考虑法律法规、市场趋势、消费者行为等客观环境因素以及竞争对手的策略与动态。这些因素都会对计划的执行产生深远影响，因此，营销人员需要密切关注市场动态，及时调整计划以适应环境变化。同时，对竞争者的深入分析也是必不可少的，只有了解对手的优势与劣势，才能制定出更具针对性的营销策略。

3. 营销计划目的

营销计划应具有明确的目的性，这是计划制订的根本出发点。计划制订者需要清晰界定营销目标，并围绕这一目标展开所有策划与执行活动。在计划执行过程中，还需设置有效的控制机制，以确保目标的顺利实现。同时，计划的目的应与企业总体经营目标保持一致，成为企业战略落地的重要支撑。

4. 营销计划资源

营销计划的制订与实施，离不开对企业内外资源的有效整合与利用。这些资源包括人力资源、物力资源、财力资源等，是营销活动的基础。营销人员需要全面梳理企业资源，明确哪些资源是独有的、具有竞争力的，并思考如何最大化地发挥这些资源的价值。同时，还须具备长远的眼光和卓越的调控能力，通过资源整合与创新应用，实现资源的一加一大于二的效果。

营销计划不仅是企业战术层面的具体行动方案，更是针对特定目标市场需求的解决方案。它要求营销人员深入分析市场需求，设计出一系列关键行动来解决问题，从而推动企业实现营销目标。

（二）营销计划的原则

1. 明确需要解决的问题

营销计划的制订必须始于对企业总体经营目标的深刻理解，并明确计划所要解决的具体问题。这是计划制订的前提和基础。如果问题不明确，那么任何任务清单都将是无的放矢。因此，营销人员在制订计划前，必须深入剖析市场现状，明确营销目标，并区分主次目标，以确保后续工作的有的放矢。

2. 以用户需求为中心

传统的营销计划往往侧重于企业自身的行动，而忽视了用户的需求和反馈。然而，在现代市场营销中，用户需求应成为营销计划的核心。只有深入挖掘并满足用户需求，才能确保营销计划的可行性和有效性。因此，营销人员需要密切关注用户行为和市场趋势，及时调整策略以适应用户需求的变化。

3. 可替代性因素考虑

在制订营销计划时，必须充分考虑企业的内外部环境因素以及市场中可能存在的替代性方案。通过对各种价值的综合评估，找出被高估或低估的要素，并进行平衡调整，以确保计划的切实可行和灵活调整。这要求营销人员具备全面的市场洞察力和敏锐的风险意识，能够及时发现并应对市场中的不确定因素。

4. 具备可行性

营销计划的最终目的是要解决企业面临的实际问题和任务。因此，计划必须具有高度的可行性。在制订计划时，营销人员需要充分考虑资源的可用性、市场的接受度以及执行过程中的可能障碍。同时，还需制订详细的执行计划和风险应对措施，以确保计划的顺利实施和目标的顺利达成。

5. 系统原则

系统原则要求营销人员在制订计划时，必须从整体和全局的角度出发，考虑各个因素之间的相互依赖和制约关系。通过系统综合分析，选择最优方案以实现决策目标。这要求营销人员具备系统思维的能力，能够全面把握市场动态和竞争态势，制定出具有前瞻性和系统性的营销策略。同时，还需注重与外部环境的协调与整合，以实现资源的最大化利用和整体最佳组合。

（三）营销计划的类型

营销计划作为指导企业营销活动的重要文件，其类型和形式多种多样，以适应不同企业的需求和市场环境的变化。以下是对营销计划类型的详细阐述。

1. 按计划时期的长短划分

根据计划所覆盖的时间长度，营销计划可以分为长期计划、中期计划和短期计划。

长期计划：其期限一般为 5 年以上，是企业对未来发展方向和奋斗目标的宏观规划。长期计划具有战略性、纲领性的特点，它为企业提供了长远的发展蓝图，指导企业在较长时间内保持稳定的发展方向。

中期计划：期限通常在 1~5 年，是连接长期计划和短期计划的桥梁。中期计划更加具体，它根据长期计划的目标，制定出在一定时期内需要实现的具体任务和措施。

短期计划：如年度计划，其期限通常为 1 年。短期计划是营销活动的具体执行计划，它详细规定了企业在一年内需要完成的营销任务、目标、策略和行动方案。

2. 按计划涉及的范围划分

根据计划所涉及的范围和深度，营销计划可以分为总体营销计划和专项营销计划。

总体营销计划：是企业营销活动的全面、综合性计划。它涵盖了企业的所有营销活动，包括市场调研、产品开发、定价策略、促销策略、渠道策略等，是企业营销活动的整体框架。

专项营销计划：是针对某一产品或特殊问题而制订的详细计划。如品牌计划、渠道计划、促销计划、定价计划等。专项营销计划更加具体和深入，它针对某一特定的营销问题或产品，制订出详细的解决方案和执行计划。

3. 按计划的影响程度划分

根据计划对企业营销活动的影响程度，营销计划可以分为战略性计划、策略计划和作业计划。

战略性计划：是对企业将在未来市场占有的地位及采取的措施所作的宏观策划。它决定了企业在市场中的发展方向和竞争策略，是企业营销活动的最高层次的计划。

策略计划：是对营销活动某一方面所作的策划。它根据战略性计划的目标，制定出具体的营销策略和行动方案，以实现企业在某一方面的营销目标。

作业计划：是各项营销活动的具体执行性计划。如一项促销活动，需要对活动的目的、时间、地点、活动方式、费用预算等进行详细的策划和安排。作业计划是营销活动的直接依据，它确保了营销活动的顺利进行和目标的实现。

二、市场营销组织

（一）市场营销组织的概念及目标

市场营销组织是企业内部涉及营销活动的各个职位及其结构所形成的组织体系。它不仅是企业营销活动的执行者，更是企业营销策略的制定者和实施者。市场营销组织的目标主要体现在三个方面。

1. 对市场需求做出迅速反应

市场营销组织应不断适应外部环境的变化，及时捕捉市场需求的动态，并对市场变化做出积极的反应。这要求市场营销组织具备敏锐的市场洞察力和快速的决策能力，以确保企业能够迅速调整营销策略，满足市场需求。

2. 市场营销效率最大化

企业内部存在着多个专业分工的部门，如生产、销售、财务、人事等。市场营销组织要充分发挥其协调和控制功能，确保这些部门之间的顺畅沟通与合作，避免矛盾和冲突的发生。同时，市场营销组织还要明确各部门的权力和责任，确保营销活动的顺利进行和效率的最大化。

3. 提升客户满意度

市场营销组织的最终目标是通过提供优质的产品和服务，提升客户的满意度和忠诚度。这要求市场营销组织不仅关注产品的销售和市场的占有率，更要关注客户的需求和体验，通过不断优化产品和服务，满足客户的期望和需求。

（二）市场营销组织形式

随着企业规模和业务范围的扩大，市场营销组织形式也在不断变化和发展。以下是几种常见的市场营销组织形式。

1. 单纯的销售部门

在企业的初创阶段或产品较为单一的情况下，市场营销组织可能仅表现为一个销售部门。这个部门主要负责产品的销售、市场推广和客户服务等工作。然而，在这种组织形式下，销售部门的地位和影响力相对较弱，其职能也相对单一。

2. 具有初步营销功能的销售部门

随着市场竞争的加剧和消费者需求的多样化，企业需要更加深入地了解市场、研究消费者需求，并进行有效的市场推广。因此，销售部门开始承担更多的营销职能，如市场调研、广告宣传、推销训练等。这种组织形式下，销售部门的地位和影响力逐渐提升，但仍然以推销产品为主要任务。

3. 独立的营销部门

随着企业规模的进一步扩大和业务范围的拓展，市场营销活动的重要性日益凸显。于是，企业开始设立独立的营销部门，负责全面管理企业的营销活动。营销部门与销售部门并行运作，共同推动企业的发展。这种组织形式下，营销部门具有更高的地位和更大的影响力，能够更全面地规划和管理企业的营销活动。

4. 现代营销部门

当营销部门的作用越来越重要时，它就逐渐发展成为企业的核心部门之一。现代营销部门不仅负责企业的市场推广和销售工作，还参与企业的战略规划、产品开发、品牌建设等关键环节。它拥有更大的权力和更广泛的职责范围，能够更有效地推动企业的营销战略的实施和目标的实现。

5. 现代营销企业

当企业所有管理人员都认识到企业的一切部门都是为顾客服务时，企业就逐渐发展成为现代营销企业。在这种企业里，营销成为企业的核心职能之一，所有部门都围绕着满足顾客需求而展开工作。现代营销企业注重顾客体验和服务质量，通过不断优化产品和服务来提升顾客的满意度和忠诚度。同时，它还注重品牌建设和市场推广，通过打造独特的品牌形象和有效的市场推广策略来提升企业的竞争力和市场份额。

三、营销控制

（一）营销控制的概念

在任何计划的实施过程中，都必须配备相应的手段和标准来对计划的执行情况进行全面、有效的控制。营销控制，作为营销计划书中不可或缺的重要组成部分，是衡量计划执行效果、确保计划顺利达成的关键手段。它要求市场营销管理者通过一系列精心设计的程序或制度，来监控、评估并调整营销计划的运行，从而确保企业的营销过程及最终成果能够符合预期目标。

市场营销控制的核心在于，通过系统的管理手段和具体的管理方法，实现对企业营销活动的全面把控。这不仅包括了对营销过程的精细化管理，还涵盖了对营销结果的严格评估。通过有效的控制，企业可以及时发现并纠正营销过程中的偏差，确保营销活动始终沿着正确的方向前进，最终助力企业实现既定的营销目标。

（二）营销控制的类型

营销控制可以根据不同的维度进行划分，其中，根据控制的时间节点，可以将其分为事前控制、事中控制和事后控制。事前控制侧重于预防，通过制订明确的计划、预算和规章制度，来规范营销人员的行为，降低潜在风险；事中控制则强调实时监控和调整，通过跟踪营销活动的进展，及时发现并解决问题；事后控制则侧重于对营销结果的评估和总结，通过对比实际结果与预期目标，为未来的营销活动提供宝贵的经验教训。

此外，根据控制者的主体，营销控制还可以分为正式控制和非正式控制。正式控制是由企业高层管理者通过制定规章制度、工作任务等方式，对营销人员的行为进行直接、刚性的约束；而非正式控制则更多地依赖于营销人员的自我约束和职业道德，通过内在的激励机制和责任感，来推动营销活动的顺利进行。

在制订营销计划时，企业应结合实际情况，选择适合的控制方式。对于正式的、长远的营销活动，可以采用企业内部的员工绩效考核标准、年度销售报告等作为控制手段，以确保活动的长期稳定性和可持续性；而对于短期的、小型的营销活动计划，则可以采用更为灵活、软性的考核方式进行控制，以激发营销人员的积极性和创造力。

（三）营销控制的方法

1. 确定控制因素

在确定营销控制因素时，企业需综合考虑成本效益原则和控制难度。首先，要评估控制成本是否与预期收益成正比，避免资源浪费。其次，要考虑控制的可行性和有效性，确保所选因素既能够得到有效控制，又能对营销活动产生显著影响。一般来说，企业在确定控制营销因素时，会重点关注影响营销过程和结果的因素，如工作方法、拜访频率、工作内容、考勤制度以及销售额度、客户数量、回款状况、销售利润等。

2. 建立衡量标准

为了确保营销控制的有效实施，企业需要针对所选控制因素建立具体的衡量指标。这些指标应具有可量化性、可衡量性和可操作性，以便营销人员在实际工作中能够明确知道如何展开工作以及如何达到控制要求。通过建立具体的衡量标准，企业可以确保营销活动的执行与控制要求保持一致，避免出现控制因素与实际行动脱节的情况。

3. 建立工作绩效标准

绩效标准是衡量营销人员在实际工作中表现好坏的重要尺度，也是进行奖罚的重要依据。企业在制定营销绩效标准时，应侧重于结果标准，如每月的销售任务、客户指标、市场占有率指标、财务指标等。同时，也可以结合过程标准，如拜访客户的次数、质量、服务态度等，以全面评估营销人员的绩效。通过设定明确的绩效标准，企业可以激励营销人员积极投入工作，提高工作效率和质量。

4. 确定检查方法

检查方法是确保营销控制得到有效执行的关键环节。企业需要针对所选控制因素和衡量标准，确定具体的检查方法和手段。例如，可以要求员工每月出勤达到一定天数，并通过上班打卡工具进行定位监控；也可以要求员工每次拜访客户后，由客户对其服务进行评价，以确保员工如实拜访并提供服务。通过确定具体的检查方法，企业可以及时发现并纠正营销过程中的偏差，确保营销活动的顺利进行。

5. 分析偏差原因

当发现营销实际执行与控制要求存在偏差时，企业需要借助具体的分析工具进行系统分析。分析偏差原因时，应侧重于市场因素、个人因素、企业因素和竞争因素等四个方面。市场因素包括行情变化、消费行为转变、季节性影响等；个人因素涉及销售人员的心态、技能、方法等；企业因素则包括产品、服务、品牌、营销力度等；竞争因素则关注市场竞争的激烈程度以及竞争对手的营销策略等。通过全面分析偏差原因，企业可以找出问题的根源，为制定改进措施提供有力支持。

6. 采取改进措施

在找出营销控制未达到目的的具体原因后，企业需要有针对性地采取有效的改进措施。改进措施的实施应是一个长期优化的过程，旨在更好地实现营销目标，使营销控制的结果与目的相一致。营销人员应时刻关注营销活动的执行情况和市场环境的变化，一旦发现误差或偏差，应立即采取行动进行改进。通过及时的修正和调整，企业可以确保营销活动始终沿着正确的方向前进，最终达成既定的营销目标。

第四章

企业财务管理

第一节　运营资本管理

一、营运资本管理概述

（一）营运资本的含义

营运资本，通常也被称为营运资金，是公司在日常生产经营活动中所必需且可自由运用的流动资金净额。这一概念具有广义和狭义之分，为我们提供了更为全面的理解视角。从广义层面来看，营运资本涵盖了公司所有的流动资产总额，体现了公司短期内可动用的全部经济资源。而从狭义的角度解读，营运资本则特指流动资产在扣除流动负债后的净额，它反映了公司在短期内的净财务状况，即公司真正可自由支配用于日常运营的资金量。

在本章节中，我们重点探讨的是狭义的营运资本。营运资本的管理不仅涉及对流动资产的有效管理，以确保资金的合理配置和高效利用；同时，也涵盖了对流动负债的精心管理，旨在通过合理的筹资策略来优化公司的资本结构，降低财务风险。因此，营运资本的管理是一个综合性的过程，需要公司在投资决策和筹资决策之间找到最佳的平衡点。

（二）营运资本的特点

1. 来源多样性

与长期资金的筹集方式相比，营运资本的筹集方式显得更为灵活且多样化。长期资金的筹集通常受限于吸收直接投资、发行股票、发行债券等传统方式，而营运资本则可以通过短期借款、短期融资券、商业信用、应交税费、应付股利、应付职工薪酬等多种渠道进行筹集。这些筹资方式不仅为公司提供了更多的选择空间，也使其能够根据实际情况灵活调整筹资策略，以满足不同时期的资金需求。

2. 数量波动性

营运资本的数量并非固定不变，而是会随着公司内外部条件的变化而呈现出显著的波动性。无论是季节性公司还是非季节性公司，其流动资产的数量都会受到市场环境、生产需求、销售策略等多种因素的影响而时高时低。这种波动性不仅要求公司具备敏锐的洞察力来预测和应对市场变化，还需要其建立有效的资金管理机制，以确保在资金波动时能够保持稳定的运营状态。

3. 周转短期性

营运资本的一个显著特点是其周转周期相对较短。公司占用的流动资产通常会在一个营业周期内（通常不超过一年）得到回收，并重新投入下一轮的生产经营活动中。这一特点使得营运资本的管理更加注重资金的流动性和使用效率，要求公司能够迅速地将资金转化为生产力，并在最短时间内实现资金的回笼。因此，商业信用、短期借款等短期筹资方式成为解决营运资本需求的有效途径。

4. 占用形态变动性和易变现性

营运资本的占用形态并非一成不变，而是会随着公司的生产经营活动而不断发生变化。从原材料的采购到产品的生产、销售以及应收账款的回收，营运资本会经历一系列形态的转化。这就要求公司在管理流动资产时，必须根据各项资产的特点和公司的实际需求来合理配置资金数额，以确保资金结构的合理性和资金周转的顺畅性。同时，营运资本中的许多资产（如以公允价值计量且其变动计入当期损益的金融资产、应收账款、存货等）通常具有较强的变现能力。在遭遇意外情况或资金短缺时，公司可以迅速变卖这些资产以获取现金，从而缓解资金压力并维持正常的生产经营活动。

二、营运资本管理原则

营运资本管理是企业财务管理的重要组成部分，它直接关系企业的资金流转和经济效益。以下是对营运资本管理原则的详细阐述。

（一）满足合理的资金需求

公司应深入分析生产经营的各个环节，科学合理地确定营运资本的资金需求量。这一需求量与公司的生产经营活动紧密相连，随着产销状况的变化而波动。当公司产销两旺，业务蓬勃发展时，流动资产如存货、应收账款等会增加，同时流动负债如应付账款、短期借款等也会相应上升。反之，当公司产销量下滑时，流动资产和流动负债则会相应减少。因此，财务人员需运用专业的分析方法和工具，准确预测营运资本的资金需求，确保公司资金链的稳定与畅通。满足正常合理的资金需求，是营运资本管理的首要任务，也是保障公司生产经营活动顺利进行的基础。

（二）提高资金使用效率

营运资本的周转速度是衡量资金使用效率的重要指标。从现金投入生产经营活动开始，到最终转化为现金的过程，构成了营运资本的周转周期。加速资本周转，意味着在更短的时间内实现资金的回笼和再利用，从而提高资金的使用效率。为此，公司应着重提高存货的周转率，减少库存积压，加快销售回款；同时，加强应收账款的管理，降低坏账风险，提高资金回收率。此外，通过优化生产流程、降低生产成本等措施，也能有效提升资金的使用效率，使有限的资本能够服务于更大的产业规模，为公司创造更多的经济效益。

（三）节约资金使用成本

在营运资本管理中，节约资金使用成本是提升公司盈利能力的关键。公司应在保证生产经营需要的前提下，尽量降低资金的使用成本。这要求公司既要充分挖掘内部资金潜力，通过加速资金周转、优化资金结构等方式降低资金占用成本；又要积极拓展外部融资渠道，选择成本低、风险可控的融资方式，如银行贷款、债券发行等，以筹措低成本资金支持生产经营活动。同时，公司还应加强资金预算管理，严格控制不必要的资金支出，确保每一分钱都用在刀刃上。

三、营运资本筹资策略

营运资本筹资策略是公司财务管理中的重要决策之一，它直接影响到公司的资金结构和财务风险。以下是对三种常见筹资策略的详细分析。

（一） 配合型筹资策略

配合型筹资策略强调资金来源与资产需求的匹配性。在这种策略下，永久性流动资产和长期资产以长期融资方式融通，以确保资金的稳定性和可持续性；而临时性流动资产则以短期融资方式融通，以满足临时性的资金需求。这种策略的优点在于能够根据公司资产的不同性质和需求，灵活选择融资方式，降低财务风险。然而，由于资金来源与资产需求难以实现完全匹配，公司需要在实际操作中根据市场环境和自身情况进行灵活调整。

（二） 稳健型筹资策略

稳健型筹资策略注重资金的安全性和稳定性。在这种策略下，长期融资不仅支持长期资产和永久性流动资产，还支持部分临时性流动资产。这意味着公司使用长期融资来覆盖临时性流动资产的平均水平，而短期融资仅用于融通剩余的临时性流动资产。这种策略的优点在于融资风险较低，能够确保公司资金链的稳定；但缺点是融资成本较高，因为长期负债的成本通常高于短期负债。此外，如果长期负债以固定利率为基础，而短期融资方式以浮动或可变利率为基础，则公司可能面临利率风险。

（三） 激进型筹资策略

激进型筹资策略则更加注重资金的成本效益。在这种策略下，公司以长期负债、自发性负债和股东权益资本为所有的长期资产融资，而对一部分永久性流动资产也使用长期融资方式融资。短期融资方式则支持剩下的永久性流动资产和所有的临时性流动资产。这种策略的优点在于能够充分利用短期融资的低成本优势，降低公司的融资成本；但缺点是流动性风险较高，因为过多地使用短期融资可能导致公司在面临资金短缺时难以迅速筹集到足够的资金。因此，公司在采用激进型筹资策略时，需要谨慎评估自身的风险承受能力和市场环境，以确保资金链的安全和稳定。

四、营运资本投资策略

（一） 宽松型投资策略

在宽松型投资策略的指导下，公司会倾向于维持一个相对较高的流动资产与销售收入比率。这意味着公司不仅持有充足的现金和有价证券，还会保持较高的应收账款余额和存货水平。这种策略的优势在于，由于流动资产充裕，公司的财务风险和经营风险得以显著降低，因为即使面临突发情况或市场波动，公司也有足够的资金储备来应对。然而，这种策略也带来了明显的弊端：过多的流动资产投资会增加公司的资本成本，因为这部分资金并未被有效利用于收益更高的项目，从而导致公司的整体投资收益水平下降。宽松型投资策略因此呈现出投资收益率低、风险小的特点，它更适合那些风险厌恶型、偏好安全管理的管理者采用。

（二）适中型投资策略

适中型投资策略则寻求在收益与风险之间找到一个平衡点。公司会根据自身的销售水平和业务特点，确定一个既不过高也不过低的流动资产比例。在这种策略下，公司的现金流入恰好能够满足支付需求，存货也刚好满足生产和销售的需要，避免了过多的资金闲置或短缺。适中型投资策略要求公司具备较高的预测能力，能够较为准确地预估未来的经济情况，从而做出合理的资金安排。这种策略的特点在于收益和风险相对均衡，是公司管理者在综合考虑多方面因素后的一种理性选择。

（三）紧缩型投资策略

紧缩型投资策略则是一种更为激进的管理方式。在这种策略下，公司会尽量降低流动资产与销售收入的比率，尤其是生产经营过程中产生的存货、应收款项以及现金等生产性流动资产。需要注意的是，这里的紧缩并不包括金融性流动资产，如股票、债券等。紧缩型投资策略的目的是通过减少资金占用成本，提高公司的整体收益水平。然而，这种策略也带来了较高的营运风险，因为一旦资金短缺，公司可能面临无法按期支付到期债务的风险。紧缩型投资策略因此呈现出投资收益率高、风险大的特点，它更适合那些敢于冒险、偏好高收益的管理者采用。

五、现金管理

（一）现金管理目标

现金作为公司最重要的流动资产之一，其管理至关重要。广义的现金包括库存现金、银行存款以及其他货币资金等，它们共同构成了公司生产经营过程中的货币形态资金。而狭义的现金则仅指库存现金。在本部分，我们讨论的是广义的现金概念。

现金管理的核心目标是保持合理的现金水平。现金作为变现能力最强的资产，不仅直接关系到公司的支付能力和应变能力，还是满足生产经营开支、还本付息以及履行纳税义务的重要保障。然而，现金的收益性相对较弱，过多的现金持有量会降低公司的整体收益水平。因此，现金管理的目标是在确保公司正常生产经营及适度资产流动性的前提下，尽量降低现金持有量，提高资金的利用效率。这要求公司管理者在权衡收益与风险、流动性与安全性之间做出明智的决策，以实现公司价值的最大化。

（二）现金的持有动机

现金作为公司流动性最强的资产，其持有量直接影响到公司的日常运营和财务安全。公司持有一定数量的现金，主要是基于以下三种需求。

1. 交易性需求

交易性需求是公司持有现金的最基本动机。公司为了维持日常周转及正常商业活动，如支付员工工资、购买原材料、支付税费等，需要持有一定量的现金。这些支出和收入在数额上往往不相等，且在时间上也难以完全匹配。因此，公司需要持有一定的现金余额来调节，以确保生产经营活动的顺利进行。此外，公司业务的季节性变化也会导致现金需求的波动。例如，在销售旺季到来之前，公司需要逐渐增加存货以应对市场需求，这将导致现金支出增加，现金余额下降。而随着销售高潮的到来，存货逐渐转化为销售收入，现金余额又逐渐恢复到原来的水平。

2. 预防性需求

预防性需求是指公司为了应对突发事件而持有的现金。这些突发事件可能包括社会经济环境的变化、市场需求的突然变化、供应商或客户的违约等。这些事件往往难以预测，且可能对公司的财务状况产生重大影响。因此，公司需要持有一定量的现金作为"安全垫"，以应对这些突发事件带来的财务压力。尽管财务人员会尽力预测并规划公司的现金需求，但突发事件的不确定性使得公司有必要持有比日常正常运转所需更多的现金余额。

3. 投机性需求

投机性需求是指公司为了抓住突然出现的获利机会而持有的现金。这些机会可能包括市场价格波动带来的投资机会、并购或重组等战略机遇等。这些机会往往稍纵即逝，需要公司迅速做出决策并投入资金。如果公司没有足够的现金储备，就可能错过这些机会，从而失去潜在的利益。因此，公司需要持有一定量的现金以备不时之需，抓住这些难得的投机机会。

公司的现金持有量通常小于上述三种需求下的现金持有量之和。这是因为，为某一需求而持有的现金往往可以在一定程度上满足其他需求。例如，交易性需求下的现金余额可以在一定程度上满足预防性需求或投机性需求。因此，公司在确定现金持有量时，需要综合考虑各种需求，并寻求一个平衡点，以确保现金的充足性和流动性。

（三）现金的成本

现金的成本是公司持有现金所必须承担的经济负担。它主要包括以下几个方面。

1. 现金的持有成本

现金的持有成本是指公司因持有一定现金余额而丧失的再投资收益。换句话说，就是公司不能同时使用该现金进行有价证券投资或其他高收益项目所产生的机会成本。这种成本在数额上通常等于资本成本，即公司使用该现金所能获得的最高收益率。因此，持有现金越多，公司丧失的再投资收益就越大，持有成本也就越高。

2. 现金的管理成本

现金的管理成本是指公司因持有和管理现金而发生的相关费用。这些费用包括管理人员工资、安全措施费用、银行手续费等。这些费用通常与现金持有量的大小没有直接的比例关系，而是作为一种固定成本存在。然而，随着现金持有量的增加，管理成本也可能会相应增加，因为需要投入更多的人力和物力来确保现金的安全和有效管理。

3. 现金的短缺成本

现金的短缺成本是指当公司现金持有量不足，无法及时通过有价证券变现或其他方式筹集到所需资金时，给公司造成的损失。这种损失可能包括直接损失（如无法支付供应商款项导致的违约金）和间接损失（如因资金短缺而错过的投资机会或业务扩张机会）。现金的短缺成本随现金持有量的增加而下降，因为持有更多的现金可以降低资金短缺的风险；反之，随现金持有量的减少而上升，因为资金短缺的可能性增加。因此，公司在确定现金持有量时，需要权衡短缺成本与持有成本之间的关系，以寻求一个最优的现金持有量。

六、应收账款管理

（一）应收账款的功能与成本

1. 应收账款的功能

应收账款在公司的生产经营中扮演着至关重要的角色，其核心功能主要体现在促进销售和减少存货两个方面。

（1）促进销售

在日益激烈的市场竞争环境中，提供赊销服务已成为公司吸引客户、扩大销售的有效手段。通过赊销，公司不仅向客户提供了所需的商品，还在一定期限内为客户提供了购买商品所需的资金支持。这种灵活的支付方式极大地提升了客户的购买意愿和满意度，从而有助于公司销售业绩的显著提升。特别是在公司推出新产品或开拓新市场时，赊销策略更是能够发挥关键作用，帮助公司快速打开市场，赢得客户的信任和青睐。

（2）减少存货

存货作为公司资产的重要组成部分，其持有量直接影响到公司的资金占用和成本支出。过多的存货不仅会占用大量资金，还会产生仓储费用、管理费用等额外成本。而通过赊销方式，公司可以将存货转化为应收账款，从而有效减少存货的持有量。这一转变不仅降低了存货资金占用成本，还减少了仓储和管理费用，有助于公司优化资金结构，提高资金利用效率。

2. 应收账款的成本

虽然应收账款在促进销售和减少存货方面发挥了积极作用，但其也带来了相应的成本负担。应收账款的成本主要包括应收帐款机会成本、应收帐款管理成本和应收帐款坏账成本三个方面。

（1）应收账款机会成本

应收账款的存在意味着公司有一部分资金被暂时占用，无法用于其他投资或经营活动。这部分资金如果用于其他投资，如购买债券或进行其他金融投资，可能会带来一定的收益。因此，因投放于应收账款而放弃的其他投资所带来的潜在收益，即构成了应收账款的机会成本。这一成本是公司需要权衡的重要因素，因为它直接影响到公司的资金利用效率和盈利能力。

（2）应收账款管理成本

为了有效管理应收账款，公司需要投入一定的人力、物力和财力。这包括调查客户信用状况的费用、收集和处理相关信息的费用、账簿记录费用、收账费用以及数据处理成本等。此外，还需要支付相关管理人员的薪酬和从第三方购买信用信息的费用。这些费用共同构成了应收账款的管理成本，是公司运营过程中不可或缺的一部分。

（3）应收账款坏账成本

由于市场环境、客户信用状况等多种因素的影响，公司可能会面临应收账款无法收回的风险。这种因应收账款无法收回而产生的损失，即为公司所承担的坏账成本。坏账成本是公司无法避免的一项成本，且通常与应收账款的发生数量成正比。因此，公司需要采取有效的风险管理措施，如加强客户信用评估、优化收款流程等，以降低坏账成本的发生概率。

（二）应收账款信用政策

应收账款信用政策是公司在销售过程中，为控制信用风险、优化资金流转而制定的一系列策略和规定。它主要包括信用标准、信用条件和收账政策三个方面。

1. 信用标准

信用标准是公司决定给予客户信用时所遵循的最低门槛。这个标准通常基于预期的坏账损失率来设定，坏账损失率越高，表明客户信用风险越大，因此公司要求的信用标准就越高，即客户需要满足更严格的条件才能获得信用。相反，坏账损失率越低，公司则可能放宽信用标准，以吸引更多客户。

在确定具体客户的信用标准时，公司需要进行详细的信用评估。评估结果不仅影响当前交易，还可能决定未来与该客户的合作深度和广度。过于严格的信用标准可能限制销售增长，而过于宽松则可能增加坏账风险和管理成本。因此，公司需根据市场环境、自身风险承受能力和客户特点，灵活调整信用标准。

2. 信用条件

信用条件是公司与客户就货款支付所达成的具体协议，它涵盖了信用期限、折扣期限和现金折扣三个关键要素。

信用期限：即公司允许客户延迟付款的最长时间。延长信用期限可能刺激销售增长，但同时也会增加应收账款的持有成本和坏账风险。

折扣期限：指客户在特定时间内付款可享受的优惠折扣。通过设定折扣期限，公司可以鼓励客户提前付款，从而加速资金回笼。

现金折扣：是公司为鼓励客户及时付款而提供的直接价格优惠。合理的现金折扣设置可以在不牺牲过多利润的前提下，有效促进资金流转。

在制定信用条件时，公司需综合考虑销售增长、资金成本、坏账风险等多方面因素，通过模型分析或历史数据对比，找到最优的信用条件组合。

3. 收账政策

收账政策是公司在客户违反信用条件时采取的应对措施。积极的收账政策可以迅速减少应收账款余额，降低坏账风险，但也可能增加收账成本和客户关系紧张；消极的收账政策则可能导致应收账款积压，坏账损失增加。

在制定收账政策时，公司应权衡收账成本与坏账损失之间的利弊，同时考虑客户关系维护的重要性。可以借鉴信用标准和信用条件的评估方法，根据客户的信用状况、历史交易记录等因素，制定差异化的收账策略。

（三）应收账款日常管理

应收账款的日常管理是确保信用政策有效实施、降低信用风险的关键环节。它主要包括信用调查和信用评估两个方面。

1. 信用调查

信用调查是收集并分析客户信用信息的过程，是公司制定信用政策的基础。信用调查应全面、准确、及时，以确保信用决策的科学性。

直接调查：通过与客户直接接触，如面谈、实地考察等方式，获取第一手信用资料。这种方法虽然耗时费力，但能够获取更真实、更直观的信息。

间接调查：利用公开信息、第三方报告等间接渠道获取客户信用信息。这种方法相对便捷，但需要注意信息的真实性和时效性。

公司应综合运用直接调查和间接调查的方法，建立完整的客户信用档案，为后续信用评估提供有力支持。

2. 信用评估

信用评估是对客户信用状况进行综合评价的过程，它基于信用调查收集的信息，运用定性和定量分析方法，对客户的信用能力进行客观判断。

定性分析：主要关注客户的品质、能力、资本、抵押和条件等要素，通过综合分析这些要素，评估客户的还款意愿和还款能力。

定量分析：主要通过分析客户的财务报表，计算流动比率、速动比率、资产负债率等财务指标，评估客户的财务状况和偿债能力。

公司应结合定性和定量分析的结果，对客户的信用状况进行综合评价，为制定针对性的信用政策提供科学依据。同时，公司还应定期更新客户信用档案，及时反映客户信用状况的变化，确保信用管理的动态性和有效性。

七、存货管理

（一）存货的功能

存货的功能在生产经营过程中至关重要，它不仅是企业运营的物质基础，更是企业应对市场变化、优化成本结构、保持生产稳定的重要手段。以下是对存货功能的详细阐述。

1. 防止停工待料

存货中的原材料是确保生产顺利进行的基石。在复杂的生产过程中，各种原材料和零部件的供应必须及时、充足，以确保生产线的持续运转。尽管现代企业管理已经高度信息化、自动化，但实现零库存仍然是一个理想状态。实际操作中，由于供应链的不确定性、生产过程中的损耗以及突发情况等因素，企业必须维持一定量的原材料储备。这样，即使面临供应链中断或原材料供应延迟等意外情况，企业也能依靠存货维持生产，避免停工待料带来的损失。

2. 适应市场变化

在快速变化的市场环境中，企业需要具备高度的灵活性和应变能力。存货储备为企业提供了这种能力。当市场需求突然增加时，充足的存货可以确保企业迅速响应，满足客户需求，抓住销售机会。同时，客户往往倾向于批量采购以降低成本，而企业也可以通过组织批量生产和发货来优化运输成本。因此，保持适量的存货有助于企业更好地适应市场变化，提升市场竞争力。

3. 降低进货成本

进货成本是企业成本控制的重要环节。在采购过程中，企业通常会面临单价与采购次数之间的权衡。供应商为了鼓励客户大量采购，往往会提供价格折扣。因此，企业通过大批量集中进货，不仅可以享受价格上的优惠，降低购置成本，还可以减少订货次数，从而降低订货成本。这种规模经济效应使得总进货成本得以降低，有助于提升企业的盈利能力。

4. 维持均衡生产

对于生产季节性产品或需求波动较大的企业来说，维持均衡生产是降低生产成本、提高生产效率的关键。通过保持一定的产成品和原材料存货，企业可以在需求低谷时继续生产，充分利用生产能力；在需求高峰时则可以通过释放存货来满足市场需求，避免生产过剩或生产不足带来的成本上升。此外，存货还可以作为应对意外事件的缓冲，如供应链中断、设备故障等，从而确保生产的稳定性和连续性。因此，存货在维持均衡生产、降低生产成本方面发挥着重要作用。

（二）存货的成本

公司为了维持正常的生产经营活动，必须持有一定数量的存货，而存货的持有必然伴随着一系列的成本支出。以下是对存货成本的详细分析。

1. 取得成本

取得成本，顾名思义，是指公司为存货所付出的全部费用，通常表示为 TC_a。这一成本主要由两部分构成：订货成本和购置成本。

①订货成本

订货成本涵盖了从发出订单到接收货物整个过程中产生的所有费用。这些费用包括但不限于办公费、差旅费、邮资、电话费以及运输费等。订货成本可以进一步细分为固定成本和变动成本。固定成本，如常设采购机构的基本开支，与订货次数无关，是一个相对稳定的数值，用 F_1 来表示。而变动成本，如差旅费、邮资等，则与订货次数直接相关，每次订货都会产生一定的变动成本，用 K 来表示。订货次数则取决于存货年需要量 D 与每次进货量 Q 的比值，即订货次数 $= D/Q$。

②购置成本

购置成本是存货本身的价值，即公司为了购买存货所支付的实际金额。这一成本通常由存货的数量 D 和单价 U 的乘积来确定，即购置成本 $= D \times U$。单价 U 可能因市场波动、供应商差异等因素而有所变化，因此购置成本也会相应调整。

2. 储存成本

储存成本，表示为 TC_s，是指公司为储存货物而发生的各项费用。这些费用包括存货占用资金所应计的利息、仓库费用、保险费用以及存货破损和变质损失等。储存成本同样可以分为固定成本和变动成本两部分。

固定成本，如仓库的折旧费用、仓库职工的固定工资等，与存货的数量无关，是一个相对固定的支出，用 F_2 来表示。而变动成本则与存货的数量密切相关，如存货资金的应计利息会随着存货数量的增加而增加，存货的破损和变质损失也会因存货数量的增多而相应增加，这些变动成本用单位变动成本 K 来表示。

3. 缺货成本

缺货成本，表示为 TC_0，是指由于存货供应中断而给公司带来的损失。这些损失可能包括材料供应中断导致的停工损失、产成品库存缺货造成的拖欠发货损失和丧失销售机会的损失以及因此而产生的商誉损失等。如果公司为了应对存货短缺而采取紧急采购代用材料的措施，那么缺货成本还将包括紧急额外购入成本。缺货成本的大小取决于存货短缺的严重程度、公司的应急响应能力以及市场对缺货情况的反应等多种因素。

存货成本是公司持有存货所必须面对的一项重要支出，它涵盖了取得成本、储存成本和缺货成本等多个方面。为了优化存货管理、降低成本支出，公司需要综合考虑各种因素，制定合理的存货策略。

八、存货管理控制

（一）存货的归口分级管理

存货的归口分级管理，作为现代企业存货管理的重要策略，其核心在于通过明确的责任划分和层级管理，实现存货资金的高效利用和周转。这一管理模式不仅强调了公司管理层对存货资金的统一领导，还明确了各职能部门在存货管理中的具体职责，确保了存货管理的全面性和有效性。

1. 公司管理层的统一领导

在公司管理层的统一领导下，财务部门作为存货资金管理的核心部门，承担着对存货资金的集中、统一管理的重任。财务部门通过制订科学的资金计划，协调供、产、销各环节的资金需求，确保资金使用的综合平衡，从而加速资金周转，提高资金使用效率。

2. 资金的归口管理

资金的归口管理原则体现了"谁使用，谁管理"的理念。根据这一原则，公司各项资金的使用和管理责任被明确划分到相应的职能部门。例如，生产部门负责生产用原材料的资金管理，销售部门负责产成品及应收账款的资金管理等。这种管理方式有助于增强各职能部门的责任意识，促进资金使用的合理性和有效性。

3. 资金的分级管理

在资金的分级管理中，各归口管理部门需根据公司的整体资金计划和指标，结合本部门的实际情况，将资金计划和指标进一步分解、细化，并分配给所属单位或个人。通过层层落实、分级管理，确保资金计划的执行到位，同时也激发了各级单位和职工群众参与存货管理的积极性和主动性。

实行存货的归口分级管理，对于公司而言具有多重意义。它不仅能够调动各职能部门和各级单位的积极性，将存货管理与生产经营管理紧密结合，还能够促使财务部门更加深入地了解生产实际，不断总结经验，提升公司的整体流动资金管理水平。

（二）适时制库存管理

适时制库存管理，又称零库存管理或看板管理，是一种先进的库存管理理念和实践。它起源于丰田公司，并逐渐被全球众多企业所采纳和推广。适时制库存管理的核心在于实现物资供应、生产和销售的无缝衔接，通过减少甚至消除存货持有，提高企业的运营效率和响应速度。

1. 核心理念与实施方式

适时制库存管理的核心理念在于"需要时才有，不需要时则无"。它要求制造企业与供应商和客户之间建立紧密的合作关系，确保在需要时能够及时获得所需的原料或零件，并在产品生产完成后立即被客户拉走。这种管理方式极大地降低了企业的存货持有水平，减少了资金占用和库存风险。

2. 实施条件与挑战

适时制库存管理的成功实施需要满足一系列条件，包括稳定而标准的生产程序、诚信可靠的供应商以及高效的信息传递机制等。任何一个环节的差错都可能导致整个生产线的停产或效率低下。因此，企业在实施适时制库存管理时，需要充分考虑自身的实际情况和外部环境因素，制订科学合理的实施计划，并不断优化和完善相关流程。

3. 应用拓展与效益提升

随着适时制库存管理理念的不断发展和完善，越来越多的企业开始将其应用于整个生产管理过程。通过集开发、生产、库存和分销于一体，企业能够实现更加高效、灵活的运营管理。同时，适时制库存管理也为企业带来了显著的效益提升，包括降低库存成本、提高资金周转率、增强市场竞争力等。例如，沃尔玛、丰田、海尔等知名企业都通过实施适时制库存管理取得了显著的成效。

第二节　利润分配管理

一、利润分配的基本原则

（一）依法分配原则：规则与秩序的坚固基石

依法分配原则，作为公司利润分配体系的基石，其重要性不言而喻。这一原则明确要求，公司在利润分配的全过程中，必须严格遵守并遵循国家颁布的相关法律法规，确保每一步操作都在法律框架内进行。法律法规不仅为公司设定了利润分配的明确界限，即公司只能在缴纳所得税后的净利润范围内进行分配，而且还详细规定了利润分配的基本准则、标准流程以及关键比例。这样的法律框架，旨在构建一个公平、公正、有序的利润分配环境，有效防止公司管理层利用职权进行不当操作，从而切实保护公司和所有利益相关者的合法权益。

例如，在《中华人民共和国公司法》等相关法律中，明确规定公司需首先弥补过往年度的亏损，随后才能按照既定的法定程序，依次提取法定公积金、任意公积金，并在确保公司财务稳健的前提下，向股东合理分配利润。这一系列严谨的规定，不仅有助于公司构建坚实的财务基础，提升风险抵御能力，更为公司的可持续发展奠定了坚实的基础。同时，公司章程也必须在遵循国家法律法规的基础上，对利润分配的具体原则、实施方法、决策流程等做出详尽且明确的规定，以确保公司内部治理结构的稳定与高效，进而提升利润分配的透明度与公正性，赢得投资者的信赖，推动公司价值的持续增长。

（二）资本保全原则：公司存续与发展的安全底线

资本保全原则，在公司利润分配体系中占据着举足轻重的地位，它是公司稳健运营与持续发展的安全底线。这一原则的核心在于，公司在分配利润时，必须确保公司的资本金不受任何形式的侵蚀，始终保持资本的完整与稳定。资本保全原则是现代公司制度不可或缺的重要组成部分，它强调了公司经营所得应优先用于增加公司的净资产，而非削减注册资本，从而维护公司的财务健康与稳健。

当公司面临尚未弥补的亏损时，根据资本保全原则，公司应首先利用利润来填补这些亏损，确保资本金不受损失。这一做法不仅有助于维护公司的财务稳健性，还能有效保护债权人的合法权益，避免因过度分配而导致的偿债风险。在实践中，公司需建立健全的财务管理制度与内部控制机制，确保利润分配决策的科学性、合理性与合规性。同时，公司还应加强对利润分配过程的监督与管理，防止因短视或盲目决策而损害公司的长远利益。

（三）充分保护债权人利益原则：信用与责任的坚实体现

债权人作为公司外部融资的关键来源，其利益的保护在公司利润分配中占据着至关重要的地位。充分保护债权人利益原则，要求公司在利润分配前，必须严格按照债务合同的约定，优先偿还所有到期的债务。这一原则不仅体现了公司对债权人信用的高度尊重，也彰显了公司承担法律责任的决心与担当。通过严格遵守这一原则，公司能够树立良好的信用形象，降低融资成本，为公司的持续发展奠定坚实的资金基础。

在利润分配后，公司还需保持足够的偿债能力，以应对可能出现的各种财务风险。这就要求公司在制定利润分配政策时，必须全面考虑公司的财务状况与偿债能力，确保利润分配不会危及公司的生存与持续发展。此外，当公司与债权人之间存在特殊约定或契约条款时，公司的利润分配政策还需经过债权人的同意或审核，以确保债权人的利益得到充分的保障与尊重。

（四）利益兼顾原则：和谐共赢的崇高追求

利益兼顾原则，是公司利润分配中的一项核心原则，它要求公司在利润分配过程中，必须全面考虑并兼顾投资者、经营者、职工等多方面的利益诉求。这一原则不仅体现了公司对社会责任的深刻担当，也彰显了利益相关者理论的实践价值。通过遵循利益兼顾原则，公司能够促进内部与外部的和谐共赢，推动公司的持续健康发展。

对于投资者而言，公司应制定科学合理的利润分配政策，确保投资者能够获得稳定且合理的投资回报。这不仅能够增强投资者的信心与忠诚度，还能吸引更多的资本流入，为公司的扩张与发展提供强大的资金支持。对于经营者和职工而言，公司应通过利润分配激励机制，充分激发他们的工作热情与创造力，提升公司的经营效率与市场竞争力。同时，公司还需合理确定提取盈余公积金与分配给投资者利润的比例关系，使利润分配成为推动公司发展的有力杠杆。在兼顾各方利益的同时，公司还应保持利润分配政策的稳定性与连续性，以维护公司的良好形象与信誉，为公司的长远发展奠定坚实的基础。

二、利润分配的顺序

利润分配是企业财务管理中的重要环节，它关乎企业、股东以及利益相关者的权益。以下是利润分配的具体顺序及详细解释。

第一，计算可分配利润。这一步骤是利润分配的基础。企业需要将本年度的净利润（或亏损）与年初的未分配利润（或亏损）进行合并，从而得出可分配利润的总额。若计算结果为负，即表示企业当前没有可供分配的利润，因此无法进行后续的分配工作；若结果为正，则意味着企业有盈余可以进行分配。

第二，计提法定公积金。在弥补年初累计亏损后，企业需按照本年净利润的一定比例计提法定公积金。值得注意的是，提取公积金的基数并非一定是可分配利润或本年的税后利润。仅当企业不存在年初累计亏损时，才能按照本年税后利润来计算法定公积金的提取数额。法定公积金的计提是法律规定的义务，旨在增强企业的财务稳健性。

第三，计提任意公积金。与法定公积金不同，任意公积金的计提是由企业根据其自身的经营状况和未来发展需求自主决定的。在履行完法定公积金的计提义务后，企业可以从净利润中额外提取一部分资金作为任意公积金。这部分资金的使用相对灵活，既可以为企业的未来风险提供财务缓冲，也可以支持企业的扩大再生产、技术创新以及应对市场变化等。任意公积金的计提体现了企业财务管理的自主性和前瞻性。

第四，向股东支付股利。在完成上述弥补亏损、计提公积金的步骤后，企业所剩余的当年利润以及以前年度的未分配利润共同构成了可供分配的利润。此时，企业可以根据自身的股利政策向股东分配股利。但需要注意的是，根据现行制度规定，股份公司依法回购后暂未转让或注销的股份不得参与利润分配；同时，如果企业在弥补以前年度亏损和计提公积金后当年没有可供分配的利润，那么一般也不得向股东分配股利。

三、股利支付的程序

股利支付是企业向股东分配利润的具体实施过程，它包含以下几个关键步骤。

（一）决策程序

上市公司股利分配的首要步骤是由公司董事会根据公司盈利水平和股利政策来制订股利分派方案。这一方案需要提交给股东大会进行审议，只有通过后才能生效。生效后，董事会会向股东宣布分配方案，并在规定的股利发放日以约定的支付方式派发股利。在整个决策过程中，公司必须确保决策程序的合法性和合规性，以维护股东和利益相关者的权益。

（二）分配信息披露

公司利润分配方案、公积金转增股本方案等需要经过股东大会的批准。在股东大会召开后的2个月内，董事会需要完成股利派发或股份转增事项。在此期间，董事会必须对外发布股利分配公告，明确分配的具体程序与时间安排。为了提高上市公司现金分红的透明度，上市公司还需要在年度报告、半年度报告中分别披露利润分配预案，并在报告期实施的利润分配方案执行情况的基础上，在年度报告、半年度报告以及季度报告中分别披露现金分红政策在本报告期的执行情况。同时，上市公司还需要以列表方式明确披露前三年现金分红的金额以及与净利润的比率。如果本报告期内企业盈利但年度报告中未提出现金利润分配预案，那么企业需要详细说明未分红的原因以及未用于分红的资金留存公司的用途。

（三）分配程序

股利分配的具体程序可能会因不同的证券交易所规定而有所差异。在中国，如深圳证券交易所，流通股份的现金股利分配程序通常如下：上市公司会在股权登记日前将现金股利划入深交所账户；深交所则会在登记日后第3个工作日将资金划入各托管证券经营机构账户；最后，托管证券经营机构会在登记日后第5个工作日将资金划入股东的资金账户。对于红利股，则会在股权登记日后第 3 个工作日直接划入股东的证券账户。整个分配过程需要确保资金的安全、准确、及时到账，以维护股东的合法权益。

（四）股利支付过程中的关键时间节点与细节阐释

1. 股利宣告日：信息透明与预期管理的起点

股利宣告日，作为公司利润分配流程中的首个重要时间节点，标志着公司董事会正式向公众披露本年度利润分配的具体方案及股利支付的相关安排。这一公告不仅包含了每股将派发的股利金额，还详细列明了股权登记日、除息日、股利支付日等关键日期以及派发对象的范围。通过这一公告，公司旨在提升财务透明度，管理市场预期，同时向投资者传递公司财务状况良好、经营稳健的信号。此外，公告还可能包括股利政策的调整原因、未来股利支付计划的展望等，为投资者提供全面的决策信息。

2. 股权登记日：股东权益界定的关键时刻

股权登记日，是确定哪些股东有权领取本期股利的截止日期。此日期之前登记在股东名册上的股东，将被视为合法权利人，有权参与本次股利分配。而在此日期之后新加入的股东，即便在股利支付日之前购入了股票，也无法享受本次股利。这一规定确保了股利分配的公平性与准确性，避免了因股东变动而引发的权益纠纷。同时，它也提醒投资者关注自己的持股状态，及时行使权益。

3. 除息日：股价调整与权利分离的转折点

除息日，又称除权日，是股利所有权与股票本身分离的重要时刻。从这一天起，新买入的股票将不再包含本次股利分配的权利，股票的交易价格也会相应调整，以反映这一变化。除息日的设立，是为了确保股票交易的公平性，防止因股利分配而导致的股价异常波动。同时，公司也会进行除权处理，调整每股股票对应的价值，以便投资者能够更准确地评估股票的投资价值。

4. 股利支付日：资金流转与股东回报的实现

股利支付日，是公司实际将股利支付给股东的日期。这一天，公司会通过银行转账、资金清算系统等方式，将确定的股利金额发放到股东账户中。对于股东而言，这是他们获取投资收益、实现资产增值的重要时刻。同时，股利支付日的顺利执行也体现了公司的财务实力与诚信度，有助于增强投资者的信心与忠诚度。

四、股利支付的多样化方式及其特点

现金股利：作为股利支付的主要方式，现金股利直接以现金形式支付给股东，体现了公司良好的现金流状况与盈利能力。支付现金股利不仅要求公司有累计盈余，还需确保有足够的现金储备，以避免对日常运营造成负面影响。因此，现金股利的支付往往被视为公司财务状况稳健、流动性良好的重要标志。

财产股利：虽然在中国公司中较少见，但财产股利作为一种灵活的支付方式，允许公司以现金以外的资产（如债券、股票等）来支付股利。这种方式既丰富了股利的支付形式，也为股东提供了更多的选择。然而，由于财产股利的评估与分配相对复杂，需要公司具备较高的财务管理能力与市场洞察力。

负债股利：同样较为少见，负债股利是指公司以负债（如应付票据、公司债券等）来支付股利。这种方式在特定情况下可能成为一种替代方案，但也可能增加公司的财务负担与风险。因此，在选择负债股利时，公司需谨慎评估自身的偿债能力与未来现金流状况。

股票股利：股票股利，又称送红股或送股，是公司向股东分发股票作为股利的一种方式。与现金股利相比，股票股利不直接涉及现金流出，而是将公司的盈余公积金转化为股东的投资资本。这种方式有助于扩大公司的股本规模，增强公司的资本实力，同时也为股东提供了更多的股票持有量，增加了其未来的潜在收益。然而，股票股利的分配也需考虑公司的股本结构、股价表现以及市场接受度等因素。

五、股利理论与股利政策类型

（一）股利无关论的深入剖析

股利无关论，作为财务理论中的一个重要观点，其成立基于一系列严格且理想化的假设条件。在完美的资本市场环境下，该理论强调投资者对于公司股利的分配持中立态度，其核心逻辑在于资本市场的完美性与信息的完全透明性。在这样的市场中，投资者能够迅速且准确地获取所有相关信息，从而对公司未来的盈利能力和成长潜力做出精确判断。因此，无论是公司选择将利润留存以进行再投资，还是选择以股利形式回馈股东，都不会影响公司的整体价值。投资者可以根据自身需要，通过买卖股票来调整其投资组合的现金流，从而实现对股利分配的"自我定制"。这一理论深刻揭示了，在理想市场条件下，公司的价值应完全由其内在的获利能力所决定，而股利的支付策略则成了一种财务决策上的"中性"选择。

（二）股利相关论的多维度解读

1. 税收差别理论的深化理解

税收差别理论是对股利无关论在现实市场条件下的一种重要修正。它指出，由于现实世界中税收制度的存在及其差异性，投资者对于股利分配和资本利得的偏好并不相同。特别是在许多国家和地区，为了鼓励长期投资，资本利得税的税率往往低于股利收益税。这种税率差异导致投资者更倾向于通过股票价格的上涨来实现资本增值，而非依赖定期的股利分配。此外，资本利得税的递延支付特性也进一步增强了其对投资者的吸引力。税收差别理论不仅揭示了税收因素如何影响投资者的偏好，还强调了公司在制定股利政策时应充分考虑税收影响，以最大化股东利益。

2. 顾客效应理论的细化分析

顾客效应理论在税收差别理论的基础上，进一步探讨了不同税收等级的投资者对股利政策的差异化偏好。该理论指出，由于投资者的边际税率不同，他们对股利支付率的期望也各不相同。高税率投资者倾向于选择低股利支付率的股票，以减少税收负担；而低税率投资者则更偏好高股利支付率的股票，以获取更稳定的现金流。这一理论为公司提供了制定差异化股利政策的依据，即根据投资者的税收状况和需求来定制股利策略，以吸引不同类型的投资者。

3. 代理理论的全面阐述

代理理论从公司资本结构与治理结构的角度出发，深入分析了股东与经理人之间的委托－代理关系及其对公司股利政策的影响。该理论认为，由于信息不对称和利益不一致，经理人可能会利用职权追求个人利益最大化，而非股东利益最大化。为了约束经理人的行为，降低代理成本，公司可以通过合理的股利政策来传递信号、激励经理人并保护股东利益。例如，通过支付较高的股利，公司可以减少内部资金留存，从而降低经理人滥用资金的风险；同时，股利支付也可以作为对经理人的一种激励手段，促使其更加关注公司的长期发展和股东回报。代理理论强调了股利政策在公司治理中的重要作用，为理解公司股利决策提供了更为深入的视角。

第三节　会计管理的实践应用

一、财务管理与会计管理的关系、衔接和应用

（一）财务管理与会计管理之间的关系

财务管理在企业运营管理中占据着举足轻重的地位，它是确保企业持续稳定发展的基石。为了构建科学完善的管理制度，特别是财务管理制度，企业必须深刻认识财务管理与会计管理之间的内在联系。财务管理作为一个综合性的管理体系，其核心在于对企业的资金流动、资源配置以及财务风险进行全面而有效的管理。在这个过程中，会计管理发挥着不可或缺的作用。

会计管理，作为财务管理的重要组成部分，不仅负责监测和评估企业的各项生产经营活动，还为企业提供全局化的管理视角，帮助企业预测潜在的财务风险，并指引企业未来的发展方向。与对外报告的财务会计不同，会计管理更注重企业内部的财务分析与决策支持，它通过对财务数据的深入挖掘和分析，为企业的战略规划和日常运营提供有力的数据支撑。

财务会计则主要聚焦于企业外部，负责审计和监督企业的实际资金往来，确保企业财务的合规性和透明度。财务会计的工作成果，如财务报表，是投资者、债权人等外部利益相关者了解企业财务状况的重要途径。

因此，财务管理需要统筹会计管理和财务会计，将两者的功能有机整合，形成协同效应，以支持企业的整体战略目标和日常运营需求。

（二）财务管理与会计管理的衔接和应用

1. 建立健全会计管理制度

在构建会计管理制度时，企业必须充分考虑自身的发展形势和未来方向，确保制度能够贴合企业的实际需求。这要求企业不仅要制定科学合理的财务管理和会计管理制度，还要建立有效的监督机制，确保制度的落地执行。同时，企业应明确会计管理与财务会计的界限，避免职能混淆，通过合理的资源配置和科学的规划，为企业的决策和发展提供精准的财务数据支持。此外，各职能部门应紧密配合，整合会计管理与财务会计的工作内容，明确责任和义务，实

现两者的协同作战，确保财务管理活动的顺畅进行。

2. 加强对会计管理人员的教育和培训

会计管理与财务管理的有效衔接和应用离不开专业的会计管理人才。企业应重视会计人才的培养和教育，根据业务发展需求调整财务管理模式，打造具备高素质和专业技能的会计团队。这包括要求所有会计从业人员参与会计管理培训并取得相关证书以及建立新的工作模式，促进会计管理与财务会计的深度融合。通过持续的教育和培训，提升会计人员的专业素养和综合能力，为企业的财务管理和会计管理提供坚实的人才保障。

3. 加大计算机技术的应用力度

在信息化时代，计算机技术在财务管理和会计管理中的应用已成为必然趋势。企业应充分利用信息技术的优势，加强会计管理与财务会计之间的信息共享和数据传输。通过构建统一的信息系统平台，实现会计管理与财务会计之间的信息数据实时共享和高效利用。同时，企业还应利用信息系统对会计管理和财务会计的信息数据进行系统分类和整理，建立完善的数据管理系统和对接平台，实现会计工作的网络化和信息化发展。这不仅能够提升财务管理和会计管理的效率和质量，还能有效整合企业的管理和财务工作，提升企业的整体竞争力。

4. 加强对会计管理的理论研究

虽然会计管理在财务管理中的应用已取得一定成果，但仍需不断优化和完善。企业应积极引入国内外先进的管理理念和技术方法，如平衡计分法、作业管理法等，以提高会计人员的工作积极性和效率。同时，加强对会计管理理论的研究也是必不可少的。研究人员应结合实际情况，深入剖析会计管理的内在规律和特点，制定明确清晰的研究目标和方法路径。通过理论研究与实践探索的相结合，不断推动会计管理的创新和发展，为企业的财务管理和会计管理提供更为科学有效的理论支撑。

5. 加强会计管理工具的应用

在会计管理与财务管理的衔接过程中，企业应注重提升会计管理的水平和工作效率，确保会计管理能够紧密贴合财务会计的相关工作。这要求企业不仅要正确认识会计管理工具的重要性，还要积极应用这些工具来优化会计管理流程和提高会计信息的准确性和可靠性。例如，企业可以利用先进的会计管理软件或系统来实现会计数据的自动化处理和分析，提高会计工作的效率和准确性。同时，企业还应加强会计管理工具与会计管理的融合探讨，探索如何将会计管理工具更好地融入会计管理体系中，以充分发挥其作用和价值。通过加强会计管理工具的应用，企业可以进一步提升财务管理的水平和效率，为企业的持续稳定发展奠定坚实的基础。

二、会计管理的创新应用

企业内部对信息化应用的接纳程度与所持态度，无疑是决定会计管理信息化能够达到的高度与深度的关键因素。会计管理，作为企业财务管理的核心支柱，其效能的发挥极大程度上依赖于一个积极拥抱信息化、将其深植于企业文化、员工思维及内部管理机制之中的良好内部环境。为了实现这一目标，企业应大力倡导创新思维，积极组织员工参与对标学习，鼓励头脑风暴，以此激发他们的积极性与创造力，使他们能够更加主动地接纳并应用信息化技术于日常工作中。在信息化应用的初期阶段，深入调研企业的实际需求与现状至关重要，而在实施过程中，则需集思广益，共同攻克难关。实施后的总结与维护同样不可忽视，它们为后续的管理提供了宝贵的经验与借鉴。

传统的财务部门往往根据会计核算的需求来设置岗位，这种紧密围绕会计科目的岗位配置方式，如往来会计专注于应收应付账款，费用会计则负责销售费用等三项费用的核算，税务会计则专注于税务申报与税费核算等，虽然在一定程度上满足了会计核算的需求，但却限制了会计管理的潜能。因此，在向会计管理转型的过程中，我们必须对会计岗位进行重新设计与调整，以实现人力资源的科学合理配置，并明确各岗位的全新职责。具体而言，财务部可划分为以下几个核心模块：首先是财务共享服务中心，它承担着企业所有经济业务的会计核算重任，通过"三统一"原则（统一会计科目、统一会计政策、统一核算流程）来确保会计处理的标准化与一致性；其次是资金管理中心，它专注于企业资金风险的管理与资金的高效运作，通过编制资金平衡计划、筹措与调拨资金、结算内部拆借等方式，提升企业资金的整体收益；再次是业务财务中心，它以各经营单位为服务对象，通过预算、成本、资产等多维度的管理，助力经营单位提升管理水平与经营效率；最后是内控管理中心，它负责构建并完善企业的财务内控体系，监督会计人员是否遵循内控要求，确保会计核算与经营管理的合规性。

"工欲善其事，必先利其器。"为了充分发挥会计管理的作用，我们必须对财务管理工具进行革新，将企业经营的各个环节纳入信息化系统的怀抱，从而实现管理效率与效果的双重提升。例如，通过设立财务共享服务中心来集中进行会计核算，并针对费用借支报账等成熟业务引入网上报销系统。业务人员只需按照预设的格式与费用标准在线填报费用单据，上传原始报账发票等影像资料，经过网上审批后，系统即可自动生成会计凭证并记账，从而大大降低了人工核单的误判风险与工作量，缩短了单据流转时间，提升了整体效率。

此外，我们还应在全企业范围内推广统一的企业资源计划（ERP）系统，实现从销售接单到应收回款等企业经营全过程的系统管控与数据集成。通过梳理企业管理流程与标准、明确部门职责、确立经营数据间的逻辑关系与联结通道，我们可以打破信息孤岛，确保数据的一致性、准确性与时效性。同时，对于制造业而言，生产环节的成本管控尤为关键。因此，我们可以通过引入制造执行（MES）系统来实现生产过程的信息化与精细化管理。MES系统能够从ERP系统中获取工作工单，并通过细化、调度、排产等步骤对制造过程进行指引与控制。它还能够实时采集生产过程中的原料批次信息、生产信息与质量信息，并将这些信息及时反馈给ERP系统，从而实现生产现场信息的即时掌握与响应。

面对复杂的股权结构、重叠的控股关系以及跨地区、跨行业的经营模式所带来的资金管理挑战，企业可以与银行合作开发定制化的银行账户交易管理系统。这一系统能够加强结算管理、内部信贷管理、内部账户管理、融资管理、投资理财、票据管理、信用证管理以及资金监控等多个方面，从而提升企业资金管理的整体水平。通过盘活资金、加速资金周转并提高资金使用效益，企业可以更加稳健地应对市场挑战并实现可持续发展。

最后，企业应持续开展学习培训活动以不断完善信息化工作。通过会计管理信息化来调动全体员工的参与热情与创造力，形成强大的合力。信息化工作应被视为"一把手工程"来全力推进，企业需要制订详细的实施计划、深入调研需求、精心选择信息化软件并全员参与实施过程。同时，在各阶段还应做好岗位培训工作以确保员工能够熟练操作信息化系统。会计人员则需加强对信息数据准确性、及时性的关注与把控，确保信息系统的长期稳定运行与持续优化升级。因为信息化的实施永无止境，随着企业生产规模与经营范围的不断扩大，新的挑战与机遇将不断涌现。因此，企业必须根据自身情况不断调整会计管理信息化的重心与策略，以助力企业的持续发展与壮大。

三、战略会计管理应用

（一）战略会计管理的职能

从财务管理的深入视角来看，战略会计管理不仅牢牢扎根于会计的专业范畴之内，更在企业管理的广阔天地中展现出其独特而深远的管理理念。它不仅仅是一种精细化的财务管理方法，更是一种站在企业战略高度，以全局视角审视和指导企业运营的管理理念。随着企业管理实践的不断深化和财务管理理论的持续演进，战略会计管理正逐步从边缘走向核心，预示着它将成为未来会计管理系统中不可或缺的核心理念——战略管理理念。

在探索战略会计管理如何在我国企业中落地生根、开花结果的过程中，我们首要任务是明确其多元而全面的职能体系。这一体系涵盖了核算、预测、决策、规划、控制、评价、激励等多个维度，构成了一个完整而严密的战略会计管理框架。首先，在成本核算方面，战略会计管理不仅继承了传统成本核算的基本方法，还融入了战略管理思维，创新性地发展了日常方法和辅助方法，使得成本核算更加精准、高效，为企业的成本控制和盈利分析提供了坚实基础。

其次，战略会计管理在预测与决策领域发挥着举足轻重的作用。它通过对市场趋势的敏锐洞察和对内部数据的深度挖掘，为企业提供了科学、前瞻的销售预测、利润预测和成本预测，为企业的战略决策提供了有力的数据支持。无论是经营类型的选择、战略目标的设定，还是产品品种的决策与调整，战略会计管理都能提供精准的分析和合理的建议，助力企业实现战略定位的优化和升级。

再次，规划与控制职能是战略会计管理的又一重要支柱。在预算管理方面，它超越了传统的预算编制范畴，更加注重业务预算与作业预算的有机结合，确保企业资源的合理配置和有效利用。在成本控制方面，战略会计管理通过定额成本法和标准成本法的灵活运用，对经营成本进行深入的差异分析，优化产品成本结构，提升价值链的整体效益，为企业的全面质量管理注入了新的活力。

最后，战略会计管理的评价与激励职能为企业的绩效管理提供了全新的视角和工具。它基于战略管理理念，对成本中心、利润中心和投资中心的业绩评价指标进行了全面而深入的修正和优化，使得业绩评价更加客观、公正、全面。同时，通过业绩激励机制的建立和实施，战略会计管理有效激发了经营者和员工的积极性和创造力，为企业的持续发展注入了强大的动力。可以说，基于战略高度的业绩评价系统不仅打破了传统财务视角的局限，更为企业战略目标的实现提供了全面、综合的评价依据，必将成为我国未来企业发展中不可或缺的重要管理工具之一。

（二）战略会计管理在我国的具体应用

近年来，战略会计管理的理论与方法在全球范围内得到了广泛的引用与借鉴，相关研究领域内涌现出了大量的学术成果与实践经验。然而，在我国，战略会计管理的发展仍处于初级阶段，主要表现为对西方战略会计管理理论的直接引用与模仿，尚缺乏对该理论进行深入的本土化提炼与创新发展。战略会计管理从理论层面的初步探索到科学实践的全面应用，无疑是一个充满挑战且漫长的过程，其中必然会遭遇诸多难题与困境。

当前，我国企业在战略会计管理的应用上仍处于摸索与尝试的探索期。这一阶段的特征在于，企业需要逐步转变传统的管理理念与模式，从以往单纯聚焦于企业内部管理的视角，扩展至同时关注企业内部与外部环境的战略管理层面。这种管理理念的深刻转变，不仅要求企业在组织架构、管理流程等方面进行相应调整，更需要在思维方式与文化氛围上实现根本性变革。因此，战略会计管理在我国企业的实践应用，必然需要经历一个长期而复杂的适应与融合过程。

与此同时，我国企业在会计管理方面的重视程度普遍不足，这也是制约战略会计管理发展的重要因素之一。长期以来，我国企业往往将财务管理的重心放在财务会计工作上，过于强调对财务数据的核算与记录，而忽视了会计管理在提升企业整体管理水平、优化资源配置、支持战略决策等方面的重要作用。即便是一些大型企业已经尝试实施会计管理，但其数据来源仍然高度依赖于财务会计的核算结果，且会计管理工作的开展往往局限于对财务会计报告的解读与分析，未能真正发挥会计管理在企业管理实践中的指导与引领作用。这种"重财务会计、轻会计管理"的现状，不仅导致会计管理在我国部分企业中的实际作用大打折扣，也严重阻碍了战略会计管理在企业中的有效应用与深入发展。

此外，我国会计行业在战略会计管理人才方面的匮乏，也是制约战略会计管理发展的重要瓶颈。相较于财务会计这一专业性较强、涉及面相对较窄的会计分支，战略会计管理要求会计人员具备更为广泛的知识储备与综合能力。会计人员不仅需要精通会计专业知识，还需要深入了解经济学、管理学、统计学、战略管理以及市场营销等多个领域的知识与技能，以更好地适应战略会计管理岗位的需求。然而，由于我国会计从业人员主要集中在财务会计领域，对会计管理人才的培育与引进相对滞后,加之企业对会计管理需求的不高以及学习者自身职业规划的局限性,导致我国战略会计管理人才储备严重不足。这种人才短缺的现状,无疑为战略会计管理在我国企业的推广与应用带来了极大的挑战。

我国企业在战略会计管理的应用上仍处于探索期,且面临着重视程度不足、人才匮乏等多重困境。为了推动战略会计管理在我国企业的深入发展与应用,我们需要加强对战略会计管理理论的本土化提炼与创新发展,提升企业对会计管理的重视程度与认知水平,同时加大战略会计管理人才的培养与引进力度,为战略会计管理在我国企业的落地生根提供有力的支持与保障。

第五章

企业创新管理

第一节　创新思维

一、创新思维基本概念

（一）发散思维与收敛思维

1. 发散思维

发散思维在创新思维中占据着举足轻重的地位，它如同思维的火花，能够点燃创新的火焰，为我们提供无尽的解决方案。其特点主要体现在三个方面。

首先，流畅性是发散思维的基石。它允许我们的思想自由驰骋，不受任何束缚，在极短的时间内迸发出大量的思维火花。这种思维的活跃性，使得我们在面对问题时，能够迅速地从多个角度提出解决方案，如同泉水般源源不断。例如，在思考如何取暖时，我们可以从自然、科技、生活等多个维度出发，列举出晒太阳，烤火，使用空调、电暖器等多样化的方法，这种思维的流畅性为我们提供了丰富的选择空间。

其次，灵活性是发散思维的灵魂。它要求我们打破传统的思维框架，勇于尝试新的思考方向，通过横向类比、跨领域借鉴等方法，让思维在更广阔的天地中翱翔。这种思维的灵活性，使得我们能够跳出固有的思维模式，发现更多前所未有的解决方案，为创新提供源源不断的动力。

最后，独特性是发散思维的精髓。它鼓励我们从独特的视角审视问题，提出超乎寻常的新想法，这种思维的独特性往往能够带来颠覆性的创新成果。正是这种对常规的挑战和对未知的探索，让我们在创新的道路上不断前行，创造出令人瞩目的成就。

发散思维虽然能够为我们提供丰富的解决方案，但其中往往夹杂着许多不成熟或不切实际的设想。因此，我们需要借助收敛思维来对这些方案进行筛选和提炼，以确保最终得出的方案既具有创新性又切实可行。

2. 收敛思维

收敛思维与发散思维相辅相成，它如同一个筛子，将发散思维产生的众多方案进行筛选和整合，最终提炼出最符合实际需求的解决方案。在收敛思维的过程中，我们需要综合运用各种知识和方法，对发散思维的结果进行系统的分析和比较，以确保最终得出的方案既具有科学性又具有实用性。

收敛思维并不是简单的排列组合，而是需要我们在分析、比较和归纳的基础上，进行有目的的整合和创新。这种整合和创新不仅体现在对知识的运用上，更体现在对问题的深入理解和把握上。通过收敛思维，我们能够更加清晰地认识到问题的本质和核心，从而找到更加精准有效的解决方案。

（二）纵向思维与横向思维

1. 纵向思维

纵向思维是科学和实践中的重要思维方式之一，它基于事物发展的过程性，通过对事物发展规律的深入观察和分析，来预测和把握事物的未来趋势。这种思维方式使得我们能够更加清晰地认识到事物发展的内在逻辑和规律，从而为我们制定科学合理的决策和规划提供有力支持。

纵向思维的预测性是其重要特点之一。通过对事物现有发展规律的分析和把握，我们可以对未来的情况进行预测和判断。这种预测性在气象预测、地质灾害预测等领域发挥着重要作用，为我们提前制定应对措施和减少损失提供了有力保障。同时，纵向思维也能够帮助我们更好地理解和把握历史发展的脉络和规律，为我们认识过去、把握现在、预测未来提供有力支持。

2. 横向思维

横向思维则是一种拓宽视野、打破常规的思维方式。它要求我们从多个角度入手，改变解决问题的常规思路，通过横向比较和研究来揭示事物之间的内在联系和规律。这种思维方式能够帮助我们跳出固有的思维模式，发现更多新的解决问题的途径和方法。

在横向思维的过程中，我们首先需要确定时间范围，然后在这个范围内对各方面进行横向比较和研究。这种比较和研究不仅能够帮助我们更加全面地了解事物的各个方面和特征，还能够揭示出事物之间不易察觉的相互联系和规律。通过这种横向比较和研究，我们能够更加深入地认识到事物的本质和核心，从而为我们制定更加科学合理的决策和规划提供有力支持。

横向思维的开放性也是其重要特点之一。它要求我们打破问题的结构范围，将事物置于更加广阔的范围和关系中进行比较和研究。这种开放性使得我们能够更加自由地思考和创新，从其他领域的事物中获得启示和灵感，从而为我们解决难题提供新的思路和方法。正是这种开放性和创新性，使得横向思维在创造活动中发挥着巨大作用，成为推动社会进步和发展的重要力量。

（三）正向思维与逆向思维

1. 正向思维

正向思维，作为人类思维活动中最为普遍且基础的一种形式，其核心在于通过对事物过去与现在的全面剖析，合理推断出事物的未知部分，并提出切实可行的解决方案。这种思维方式顺应了时间流逝的自然规律，与人类认知世界的过程紧密相连，体现了事物发展的内在逻辑。

正向思维的特点鲜明，它遵循时间轴的正向推进，与事物的自然演变过程相契合，使得人们在理解和处理问题时能够保持连贯性和一致性。在探索符合统计规律的现象时，正向思维能够敏锐地捕捉并揭示新事物及其本质特征，为科学研究和社会实践提供有力支持。此外，面对日常生产生活中的常规问题，正向思维凭借其高效的处理机制和清晰的逻辑路径，往往能够迅速找到问题的症结所在，并给出满意的解决方案。

2. 逆向思维

逆向思维，亦被形象地称为求异思维，它要求人们在面对看似已成定论的事物或观点时，敢于打破常规，从反面进行思考，从而开辟出全新的思维路径。这种思维方式鼓励人们挑战传统观念，勇于探索未知领域，通过反向推理和深入思考，孕育出新颖的思想和创意。

逆向思维的魅力在于其利用了事物的可逆性特征，从常规思维的反方向出发，寻找那些被忽视或未被充分开发的岔道。沿着这些岔道，逆向思维者能够运用逻辑推理和创造性思维，发掘出隐藏在新事物背后的新方法和新方案。无论是在科学研究、技术创新还是日常决策中，逆向思维都展现出了其独特的价值和广泛应用性。

（四） 求同思维与求异思维

1. 求同思维

求同思维是一种从已知事实或命题出发，通过逐步推导和归纳，寻求事物共同本质和规律的方法。在这一过程中，归纳法被用来总结事物的共同特征，而演绎法则将归纳出的规律推广到更广泛的领域。求同思维中的肯定性推断体现了对事物正面特征的认同和提炼，而否定性推断则是对事物反面特征的排除和界定。

求同思维强调思维的连贯性和严谨性，它要求人们在思考问题时保持清晰的逻辑链条，从客观实际出发，逐步揭示事物内部的规律和联系。为了验证和检验所得结论的正确性，求同思维者通常会进行大量的实验或实践，以确保其结论的可靠性和有效性。求同思维能够发现事物间的内在联系和共同点，通过整合和创新，产生出具有新性质和功能的事物组合。

2. 求异思维

当面临重大难题或需要突破传统框架时，求异思维便显得尤为重要。这种思维方式鼓励人们跳出思维定式，打破既有规则的束缚，以全新的视角和方法去探索问题的解决方案。求异思维的客观依据在于，任何事物都蕴含着其独特的本质和规律，这些特殊矛盾所表现出的差异性正是求异思维得以展开的土壤。

要进行有效的求异思维，人们需要积极调动自己的知识储备和社会经验，以开放的心态去接受和容纳不同的观点和想法。通过深入思考和不断尝试，求异思维者能够孕育出新颖的、独创的、具有社会价值的思维成果。这些成果不仅是对现有知识的超越和突破，更是推动社会进步和创新发展的重要动力。

二、创新思维的技法

（一） 整体思考法

1. 客观性思考

客观性思考是整体思考法的基础，它要求思考者摒弃一切主观臆断和偏见，仅依据客观存在的事实、精确的数字和可靠的信息来进行分析和判断。在进行客观性思考时，思考者需通过一系列问题引导自己深入剖析现状，这些问题如下：①目前已经掌握了哪些关键信息？这些信息是否准确、全面？②还有哪些信息是缺失的，对于解决问题至关重要？③期望获得哪些额外信息以更全面地理解问题？④应如何有效地获取这些信息，以确保其准确性和时效性？通过这样的梳理，思考者能够建立起对问题的客观认知框架。

2. 探索性思考

探索性思考鼓励思考者打破常规，放飞想象力，尽可能多地提出新颖、独特的建议和想法。这种思考方式的价值在于其能够创造出前所未有的新观念和新选择，为解决问题提供广阔的思路。探索性思考的过程就像是一场思维的盛宴，每一个新奇的点子都可能成为解决问题的关键。随后，通过其他思考方式的加工和提炼，这些创意可以逐渐转化为切实可行的解决方案。

3. 积极性思考

积极性思考强调以乐观、正面的态度去看待事物，努力挖掘其潜在的优势和价值。在积极性思考中，思考者需要主动寻找事物的积极面，思考以下几个关键问题：①这个方案或概念为何有利？它能带来哪些具体的好处？②它为何能够实施？有哪些资源和条件支持其实现？③为什么这是一件值得全力以赴去做的事情？它的长远意义是什么？④在这个过程中，是否还隐藏着未被发掘的潜在价值？通过积极性思考，思考者能够更全面地认识到事物的积极面，从而激发更多的创造力和行动力。

4. 批判性思考

批判性思考是对问题进行深入剖析和质疑的过程，它要求思考者在事实的基础上对问题提出合理的质疑、判断、检验，甚至进行逻辑上的否定。批判性思考的价值在于它能够揭示事物中存在的问题和错误，帮助思考者找到方案中的漏洞和不可行之处。在进行批判性思考时，思考者需要不断追问：①这个方案真的能有效吗？它是否存在潜在的风险或缺陷？②它是否安全可靠？能否经得起实践的检验？③它与已知的事实和证据是否一致？有无矛盾之处？④这个方案真的可行吗？是否存在更好的替代方案？通过这样的质疑和反思，思考者能够不断完善方案，确保其可行性和有效性。

5. 总结性思考

总结性思考是对整个思考过程的回顾和总结，它要求思考者控制思维的进程，保持冷静和客观，对之前的思考结果进行梳理和评估。在进行总结性思考时，思考者需要思考以下几个问题：①之前的思考过程中有哪些亮点和不足之处？②下一步应该如何安排思考的方向和重点？③应该采用哪种思考方式来继续深化对问题的理解？④如何对已有的思考结果进行整合和提炼，形成更加完整和系统的解决方案？通过总结性思考，思考者能够清晰地把握整个思考过程的脉络和进展，为后续的思考和行动提供有力的指导。

6. 直觉性思考

直觉性思考是一种基于个人经验和潜意识的判断方式，它允许思考者直接表达对项目或方法的感觉、预感或其他情绪反应，而不必给出具体的逻辑依据。直觉往往是思考者在长期实践中积累的经验和知识的综合体现，它能够在某些情况下为思考者提供宝贵的启示和指引。在进行直觉性思考时，思考者需要勇敢地表达自己的直觉和感受，并尝试将其与其他思考方式相结合，以验证其准确性和有效性。

（二）多屏幕法

多屏幕法，又称"九屏幕法"，是 TRIZ 理论中的一种重要的系统思维方法。它要求思考者不仅关注当前的问题和情境，还要将其置于更广阔的时间和空间背景中进行全面考虑。多屏幕法通过构建多个"屏幕"来展示与当前系统相关的各个层次和时间段的信息，从而帮助思考者超越常规思维，提出质疑，克服思维定式，为解决实践中的疑难问题提供清晰的思维路径。

根据系统论的观点，任何系统都是由多个子系统组成的有机整体，它们之间相互作用、相互影响，共同实现系统的整体功能。而系统之外的高层次系统则被称为超系统，它们对系统的运行和发展产生重要的影响。多屏幕法要求思考者不仅要考虑当前系统的状况和问题，还要深入分析其超系统和子系统的过去、现在和未来状态，以及它们与当前问题的关联和影响。

具体来说，多屏幕法包括以下几个方面的分析：①考虑"当前系统的过去"，即回顾系统之前的运行状况、生命周期各阶段的情况等，以从中汲取经验教训；②考虑"当前系统的未来"，即预测系统未来可能的发展趋势和状况，以提前制定应对措施和规划；③分析当前系统的"超系统"元素，如物质、技术系统、自然因素等，探索如何利用这些元素及组合来解决当前系统存在的问题；④分析当前系统的"子系统"元素，考虑如何利用它们来解决当前问题；⑤考虑"超系统的过去"和"超系统的未来"，以分析超系统状态的变化对当前问题的影响；⑥考虑"子系统的过去"和"子系统的未来"，以把握子系统的发展动态和对当前问题的潜在影响。

通过这样全面、深入的分析，思考者能够发现一系列全新的观点和视角，从而重新定义任务或矛盾，找到解决问题的新途径。多屏幕法不仅是一种分析问题的手段，更是一种提升思考者创造力和系统解决问题能力的有效方法。通过不断练习和应用多屏幕法，思考者能够逐渐培养出更加开阔的思维视野和更加敏锐的洞察力。

（三）金鱼法：将幻想变为现实的创新工具

金鱼法，作为一种创新性的问题解决策略，其核心在于将一个看似异想天开、不切实际的想法，通过逐步分解和转化，最终变为一个既具有创新性又切实可行的解决方案。这一方法的基础在于，将原始想法划分为现实部分与非现实部分，并通过对非现实部分的持续剖析和转化，逐步逼近可行的解决方案。

具体而言，金鱼法的实施步骤如下。

①明确划分现实与非现实：将原始想法精确地拆分为现实部分与非现实部分。这一步骤要求我们对想法的每一个组成部分进行细致的审视，明确哪些部分是基于现有知识、技术或资源可以实现的，哪些部分超出了当前的条件限制，显得不切实际。

②深入剖析非现实部分：对非现实部分进行深入的剖析，解释其为何在当前条件下不可行。这一步骤需要运用严密的逻辑和准确的分析，确保对非现实部分的不可行性有充分的认识，避免在后续步骤中重复陷入相同的困境。

③探索可行性条件：在明确了非现实部分的不可行性后，我们需要进一步探索在哪些条件下这些非现实部分有可能变为现实。这可能需要我们跳出传统的思维框架，寻找新的技术、资源或合作方式，以创造实现非现实部分的条件。

④评估现有资源：我们需要检查当前系统、超系统或子系统中的资源，评估这些资源是否能够为非现实部分提供所需的条件。这一步骤要求我们全面审视现有的资源状况，包括技术、资金、人才、政策等各个方面，以确定是否有可能通过整合现有资源来实现非现实部分的转化。

⑤定义改变情境的方案：如果现有资源能够为非现实部分提供所需的条件，那么我们就可以定义相关的改变情境的方案。这一方案应该明确说明，为了实现想法的非现实部分，我们需要对当前的情境进行哪些改变，以及这些改

变如何与初始想法的可行部分相结合，形成一个完整的、可行的解决方案。

⑥持续迭代与分解：如果现有资源无法为非现实部分提供所需的条件，那么我们就需要将"非现实部分"再次分解为更小的现实与非现实部分。然后，重复上述步骤①至⑤，对新的非现实部分进行剖析、探索、评估、定义和改变。这个过程是一个反复迭代的分解过程，通过不断地将非现实部分分解为更小的、更具体的部分，并逐步找到实现这些部分的条件和方法，最终将原始的不切实际的想法转化为一个既具有创新性又切实可行的解决方案。

金鱼法的本质在于，它不仅仅是一种问题解决的方法，更是一种将幻想变为现实的创新工具。通过这一方法，我们可以勇敢地提出那些看似异想天开的想法，并通过逐步分解和转化，将这些想法变为切实可行的解决方案，从而推动创新和发展。

第二节　创新模式

一、开放式创新

创新，这一概念在现代企业中占据着举足轻重的地位。它不仅仅是对新技术、新产品的追求，更是一种对企业内外部资源和商业化能力的全面整合与利用。开放式创新，作为这一理念的具体实践，强调的是一种全面开放、合作共赢的创新模式。它要求企业不仅要充分挖掘内部的创新潜力，更要积极寻求外部的创新资源，实现内外资源的优势互补和高效融合。

开放式创新的核心在于打破传统的封闭创新模式，将企业的创新活动置于一个更加开放、多元的环境中。企业不再仅仅依赖自身的研发力量，而是积极寻求与外部机构，不同规模、不同行业的企业进行合作，共同开展创新活动。这种合作模式不仅有助于企业获取更多的创新资源，还能通过引入外部智慧，激发企业内部的创新活力，推动创新成果的快速转化和商业化。

在开放式创新中，企业需要将外部的创新资源放在与内部资源同等重要的位置，甚至在某些情况下，外部资源的作用可能更加凸显。企业需要通过择优方式选取资源，摒弃原有的"内大于外"思想，实现内外部资源的平等对待和高效利用。同时，对于创新成果的使用，企业也不再局限于内部途径，而是积极寻求外部途径的推广，以更好地实现商业价值和社会价值的双重提升。

开放式创新的本质在于创新资源的流动与交换，它要求企业能够建立一个开放、包容的创新生态系统，吸引和汇聚各种创新资源。在这个系统中，企业不仅是一个创新的主体，更是一个创新的平台，通过与其他企业的合作，共同推动创新活动的深入发展。同时，企业还需要建立相应的机制来保障创新成果的推广和分享，确保创新价值的最大化。

二、绿色创新

（一）绿色创新的定义与内涵

随着经济的快速发展和工业化进程的加速推进，经济活动对环境的负面影响日益凸显。全球范围内对于环境与生态议题的关注程度不断提升，人们开始深刻认识到环境保护和可持续发展的重要性。在这样的背景下，绿色创新作为一种新的创新模式应运而生。

绿色创新，顾名思义，是指那些能够显著降低对环境的危害和污染、减少资源使用的负面性，并有利于环境可持续发展的创新活动。它不仅仅局限于产品、生产工艺、服务等方面的创新，还涉及管理手段、商业模式等多个层面的创新。绿色创新的本质在于通过创新活动本身对于环境创造的积极意义与价值，实现经济发展与环境保护的双赢。

近年来，绿色创新在学术界和企业实践中受到了广泛的关注和研究。虽然对于绿色创新的定义，学术界尚未形成统一的共识，但普遍认为它应该包括因避免或减少环境损害而产生的新的或改良的工艺、技术、系统和产品。这些创新活动不仅有助于降低企业的环境成本，提升企业的竞争力，还能为社会的可持续发展做出积极贡献。

绿色创新可以概括为"绿色技术创新、绿色制度创新与绿色文化创新"三个层面。其中，绿色技术创新是核心，它涉及产品、工艺、技术等方面的创新，旨在通过技术手段实现环境保护和资源节约。绿色制度创新则是绿色技术创新的保障和支撑，它涉及企业内部的制度设计和管理创新，旨在通过制度的力量推动绿色技术的研发和应用。而绿色文化创新则是绿色技术创新的引导和支持，它倡导的是一种以人为本、与自然和谐相处的价值观和发展观，为绿色技术的创新提供了强大的精神动力和文化支撑。

（二）绿色创新的基本内涵

绿色创新，这一理念可从狭义与广义两个独特的视角进行深入理解。从狭义的层面来看，绿色创新的主体明确聚焦于企业，这既涵盖了单一企业内部的创新行为，也包括了多企业间的协同合作。其创新的内容，起初主要围绕生产过程和产品或服务的技术创新，但随着时间的推移，已逐渐扩展到组织架构的优化、管理方式的革新、商业模式的重塑以及营销手段的多样化等非技术创新领域。这种狭义的理解，强调了企业在绿色创新中的核心地位和主导作用。

而从广义的视角出发，绿色创新的主体则不再局限于企业本身，而是扩展到了整个经济体系的所有参与者，包括政府、各类非营利性组织，甚至家庭和个人。创新的内容也更为广泛，不仅涉及技术层面，还深入到了思想文化和社会经济制度领域。这种广义的理解，揭示了绿色创新的全局性和深远影响，它要求社会各界共同参与，形成合力，推动经济社会的绿色发展。

此外，绿色创新还可以从微观与宏观两个层面来进一步理解。微观层面的绿色创新，主要关注的是企业在长期内持续推出的节能、降耗、减排、改善环境质量的绿色创新项目，并通过这些项目的实施，不断实现创新经济效益的过程。而宏观层面的绿色创新，则站在人类社会的整体高度，关注环境、经济、社会的协调发展，并致力于通过创造性活动实现这一目标。有学者深刻指出，绿色创新的本质在于其给环境带来的积极意义与价值，如技术创新所带来的节能环保效果、废弃物的循环利用、绿色产品的设计以及环境管理的改善等。

绿色创新无疑是一次全方位的变革。它不仅涵盖了低能耗的绿色产业，也涉及"黑色产业"的"绿化"转型；既包括新能源的研发和利用，也包含节能减排技术的开发和推广。具体来说，绿色创新主要体现在以下几个方面：一是信息技术、新能源技术等绿色技术将在绿色创新中得到更广泛的应用；二是第二次工业革命中产生的"黑色"或"褐色"技术，在绿色工业革命的背景下有望得到"绿化"改造；三是在参与组织方面，将吸引各种类型的经济组织广泛参与到绿色创新中来，不仅包括跨国公司、中小企业等传统经济组织，还包括网络企业、虚拟公司等新兴组织；四是许多非营利性社会组织也将在绿色创新中发挥不可或缺的作用，共同推动绿色创新发展的进程。

因此，绿色创新并非对原有创新理论和方法的简单总结和延伸，而是对原有基于机械观的线性创新思维方式的深刻变革。它以生态观、复杂系统理论为理论依据和出发点，要求企业在实施产品与工艺创新、提升竞争优势的同时，必须高度关注创新活动对环境的影响。这种转变不仅体现了企业对社会责任的担当，也是企业实现可持续发展的必由之路。

（三）绿色创新的应用

1. 绿色战略创新

绿色战略，作为企业在绿色经营观指导下的总体规划，旨在通过绿色开发、绿色生产、绿色营销以及绿色企业文化的培育，全面推动企业向绿色发展转型。制定绿色战略时，企业需树立绿色品牌形象，积极争取获得绿色标志，以此引导消费者形成绿色消费习惯。实施绿色战略创新，不仅能使企业获得综合的环境效益，还能有效减少来自社会和政府的环保压力，提升企业的社会形象和竞争力。

以全球领先的 IT 产品及解决方案厂商戴尔公司为例，该公司积极将"绿色"理念融入产品的整个生命周期中。从产品设计的初期阶段开始，就注重环保材料的选择和节能技术的应用；在生产过程中，严格控制污染物排放，实现清洁生产；在产品使用后，则致力于产品的回收和再利用，确保资源的循环利用。这种全方位的绿色管理策略，不仅保护了环境，也提升了企业的品牌形象和市场竞争力。

2. 绿色价值创新

绿色价值，作为绿色创新的核心要素之一，具有物质形态和精神形态两种形态。物质形态的绿色价值主要体现在产品或服务的环保性能和资源利用效率上；而精神形态的绿色价值理念则强调企业对环保责任的认同和践行。随着经济发展的绿色化趋势日益明显，企业的经营和市场竞争也必然受到深刻影响。绿色价值创新，作为企业实现可持续发展的新动力，要求企业在追求经济效益的同时，必须充分考虑环保因素和社会责任。

虽然企业在为了减少环境影响而改变经济行为模式和价值实现模式时，可能会面临生产成本的提升和价格竞争上的劣势。但如果能够基于绿色创新建立新的市场竞争规则，那么非绿色产品将因不符合绿色标准而丧失竞争机会。在这种情况下，绿色化竞争优势将逐渐形成并凸显出来。企业可以通过绿色技术创新、绿色管理创新等方式不断提升自身的绿色竞争力，从而在激烈的市场竞争中脱颖而出。

3. 绿色技术创新

绿色技术，作为减少污染、降低消耗和改善生态的关键手段，其创新是环保和生态知识深度应用的结果。绿色技术创新不仅关注技术层面的革新，更在于如何通过这些技术使环境得到实质性的改善，从而推动环保操作的普及与优化。为了实现这一目标，企业必须从创新活动的每一个环节入手，全面提升其绿色技术创新能力。

首先，提高企业对市场机会，尤其是环境机会的敏锐度和把握力至关重要。这要求企业具备前瞻性的市场洞察能力，能够准确识别并抓住那些与环境保护、可持续发展紧密相关的市场机遇。同时，企业还需加强绿色技术的研究与开发，不断突破技术瓶颈，推动绿色技术的迭代升级。

其次，对外技术资源、技术成果的选择、消化和吸收能力也是企业绿色技术创新能力的重要组成部分。企业应积极寻求与外部科研机构的合作，引进先进的绿色技术成果，并通过有效的消化和吸收，将其转化为自身的核心竞争力。

再次，完善企业的系统创新能力同样不可或缺。绿色技术创新是一个涉及技术、组织、管理方式和制度环境等多个方面的复杂系统。企业需努力推动"技术经济范式"的绿色化，确保绿色技术创新成果能够顺利转化为实际的生产力，为企业带来实实在在的经济效益和环境效益。

最后，绿色技术创新应真正让市场来主导。企业应紧密围绕市场需求，有针对性地开展绿色技术创新和技术推广，既确保技术创新的环境效能，又通过市场机制实现环境价值的最大化。

4. 绿色产品创新

近年来，随着消费者环保意识的不断提升，绿色产品如绿色冰箱、环保彩电、绿色电脑等层出不穷，成为市场上的新宠。各大品牌也纷纷抢占绿色产品市场，推出了一系列以环保为卖点的创新产品，如塑料瓶制作的包、海洋垃圾制作的鞋、食物残渣T恤等，这些产品不仅满足了消费者的环保需求，也为企业带来了可观的商业利润。

绿色品牌作为一种全新的消费者体验，将"健康、和平"的绿色理念深度融入品牌经营和推广过程中。通过塑造绿色品牌形象，企业在消费者心中形成了关于品牌的直接印象，即"健康、和平"，从而为企业带来了绿色体验溢价和绿色体验增值等无形资产。绿色品牌不仅与环境保护和可持续发展商业实践紧密相关，更超越了生态环保的范畴，成为企业提升品牌形象、增加商业利润、建立与消费者紧密关联并区别于竞争对手的重要法宝。

5. 绿色供应链

绿色供应链是绿色创新在供应链管理中的具体应用，它包括绿色采购、绿色制造、绿色销售和绿色物流等多个环节。在绿色采购方面，企业应从供应商管理入手，优先选择能够提供环境友好型原材料的供应商，并采取措施帮助供应商改善绿色绩效。同时，企业还应关注原材料的利用效率，通过优化采购行为降低资源消耗和废弃物产生。以苹果公司为例，该公司将产品管理延伸至上游供应链，推动数百家供应商实施节能减排措施，并在原材料利用上引进新的化学材料，以更环保的工艺实现固体废弃物的零填埋。

在绿色制造方面，企业应注重产品制造过程中的能源消耗和污染物排放问题。通过采用先进的生产技术和设备，降低能源消耗和污水、废气排放，实现绿色制造的目标。此外，企业还应加强绿色销售和绿色物流管理，确保产品在销售、运输和回收过程中对环境的影响最小化。

随着消费者对绿色产品的偏好不断增强以及政府环保要求的日益严格，企业不得不加大在环保方面的投入。然而，政府的环保补贴政策也为企业进行绿色供应链创新提供了有力支持。通过充分利用政府的环保补贴政策，企业可以进一步推动绿色供应链的创新与发展，实现环境保护与经济效益的双赢。

6. 绿色创新的过程管理

从创新的过程来看，绿色创新标志着企业创新过程观的重要转变。以汽车生产价值链为例，在传统的封闭观点下，汽车生产被视为一个线性的价值链过程，从零部件供应商到企业生产制造再到分销和用户使用，企业主要关注汽车制造过程中的环境保护问题。然而，在绿色创新的理念下，环境创新被嵌入到创新价值链的全过程之中，延伸了生产者等其他行为主体的环境责任。

在绿色创新的过程中，企业应从汽车零部件供应商与材料制造商开始，就实施环境要素的全程监控与管理。通过加强供应链上下游企业的环保合作与信息共享，确保原材料采购、生产制造、分销以及用户消费终端等各个环节都符合环保标准。同时，企业还应建立完善的绿色创新管理体系，明确绿色创新的目标、任务和责任主体，确保绿色创新活动的顺利进行和有效实施。通过绿色创新的过程管理，企业可以实现对环境要素的全程控制与管理，推动绿色创新的深入发展，为企业的可持续发展奠定坚实基础。

第三节　现代企业管理创新实践

一、组织创新

组织创新，作为随着生产不断发展而涌现的新的企业组织形式，其本质在于对资源配置方式的革新与优化。组织，作为对人力、物力、财力资源及其结构稳定性的一种精心安排，其基石在于成员间对组织目标的深刻认同。这种认同，又必须植根于对成员责任、权力、利益关系的合理划分与界定之上。与组织的相对刚性形成鲜明对比的是市场的弹性与灵活性，市场作为不同目的个体间交易的协作体系，通过互利共赢的合作，助力个体更好地达成各自目标。正因如此，无论何种经济制度，若欲有效开发利用资源，便不能单一依赖组织或市场作为资源配置的独木桥。经济发展的不同阶段对资源配置提出了各异的要求，因此，如何合理抉择并妥善安排组织与市场的主次与轻重，对于推动经济的持续进步具有举足轻重的决定性作用。

鉴于组织与市场在资源配置上的本质差异，创新往往预示着资源组合方式的颠覆性变革，并在组织与市场的广阔舞台上展现出截然不同的特征。从家庭的"纵向一体化"到分料到户制的兴起，从工场作坊的涌现到简单工厂制的诞生，再到合股企业、股份企业的崛起以及股份企业间横向一体化的法人相互持股现象，无一不是企业组织创新结出的累累硕果。

创设并高效运转一个全新的组织体系，乃是组织创新的核心使命所在。组织，犹如企业管理活动及其他活动有序开展的坚固基石。一项组织创新，若无法在实践中得到有效实施与运转，便如同空中楼阁，难以称之为真正的创新。组织创新的广阔天地，主要涵盖企业制度创新、组织机构创新与管理制度创新三大核心领域。

企业制度创新，意指随着生产的蓬勃发展，不断创立适应新形势的企业组织形式。在此过程中，我们既要重视制度建设与制度创新的重要性，也不可忽视人的关键作用。以人为本的管理并非排斥制度，而是在科学制度的框架下充分发挥人的潜能。未经严格制度洗礼的管理，一开始就盲目推行人本管理，无异于缘木求鱼。人与制度之间的平衡，是管理实践中亟待破解的难题。我们既要避免在强调人时忽视制度，也要防止在强调制度时将人束缚得过紧，这一点值得我们深思与警醒。

在组织机构创新的征途中，我们必须高度重视组织结构与外在环境的紧密联系。组织的生存、发展与创新，均离不开外在环境的滋养与支持。组织必须紧随环境变化的步伐，进行必要的自我调整与结构变革。而要顺应环境的变迁，首要之务便是能够预见环境的变化趋势。若环境始终处于动荡不安之中，组织便需保持高度的警觉与敏感，随时根据环境的微妙变化，迅速作出反应，调整相应的组织结构。当然，环境与结构之间的关系并非一成不变。组织自身对环境变化的消化与吸收能力，同样是适应环境的重要力量，而并非一定要通过结构的变化来实现。因此，组织结构绝非一成不变的僵化之物，而是一个充满柔性、具备学习能力的有机生命体。如何从传统的刚性组织状态向柔性组织状态转型，已成为组织机构创新的重要课题。从管理者高居组织顶点的传统结构，到以管理者为中心、统率专业职能部门的组织形式，再到职能横向式取向加强、管理者转变为小组成员的半自主管理形式，直至流程取向的自主管理型组织，这一演变过程见证了现代组织机构形式的不断进化与升级。在这种新型组织中，自我管理成为主流，同时，通过轮换制度让全体组员轮流担任领导者，管理者则转变为顾问角色，为组织的持续发展与创新注入了新的活力。而管理制度的创新，则是为了更有效地整合资源，构建一个环环相扣、紧密相连的制度体系。制度创新是一个持续不断、反复修正的过程，唯有如此，方能逐步趋于完善，为组织的蓬勃发展提供坚实的制度保障。

二、技术创新和市场创新

（一）技术创新：推动产业进步的核心动力

技术创新，作为推动产业进步和经济发展的核心动力，其本质在于引入一种新的生产方式。这种新方式并非凭空产生，而是可能源于一种新的科学发现，或者是对现有技术、工艺、产品的突破性改进。它涵盖了从投入品到产出品的整个物质生产过程中的所有"突变"，这些突变不仅限于硬件层面的原材料、能源、设备、产品的创新，还深入到软件层面的工艺程序设计、操作方法的改进以及管理模式的革新。

技术创新所带来的"突变"，与日常生产中的微调或同质流动截然不同。它要求企业具备敏锐的市场洞察力和强大的研发能力，能够及时发现并抓住技术发展的新趋势，通过不断的试验、优化和迭代，最终实现生产方式的根本性变革。这种变革不仅能够提高企业的生产效率和产品质量，还能够为企业开辟新的市场空间，带来更为广阔的发展前景。

（二）市场创新：开拓新领域、创造新需求的战略选择

市场创新，作为企业开拓新领域、创造新需求、提升市场竞争力的战略选择，其重要性不言而喻。与技术创新侧重于技术层面的突破不同，市场创新更注重从微观角度促进市场构成的变动和市场机制的创造。它要求企业以开拓新的市场、创造新的需求、提供新的满意为宗旨，通过不断创新市场策略、产品形态和服务模式，来满足消费者日益多样化的需求。

市场创新具有以下几个显著特点。

第一，着重于市场开拓。市场创新的核心在于开拓新的市场空间，而不是仅仅局限于现有市场的争夺。它要求企业具备敏锐的市场洞察力和前瞻性的战略思维，能够及时发现并抓住市场的新机遇，通过不断创新来引领市场的发展潮流。

第二，超越市场营销。市场创新与市场营销虽然有一定的联系，但两者在目标和手段上存在明显的差异。市场营销更注重巩固已有市场份额和提高市场占有率，而市场创新则更侧重于开拓新领域、创造新市场，通过不断创新来拓展企业的市场空间和竞争力。

第三，主动进取性。市场创新强调主动进攻，要求企业在产品市场形势尚好的情况下，就要有计划、有系统地革除陈旧的、过时的技术或产品，开发新产品，开拓新市场。这种主动进取的精神，是企业保持市场竞争力和持续发展的关键。

第四，时效性。市场创新的成功与否，很大程度上取决于它投入市场的时机。过早或过晚的投入都可能导致失败。因此，企业需要准确把握市场的发展趋势和消费者的需求变化，选择最佳的投入时机，以确保市场创新的成功。

第五，无止境性。与依靠低价格和营销技巧来赢得市场份额相比，市场创新具有无限的前景和可能性。从需求角度看，市场需求的多样性、多层次性和发展性为市场创新提供了源源不断的动力；从供给角度看，技术进步的永无止境也为市场创新提供了无限的空间和可能性。因此，企业需要不断创新市场策略和产品形态，以满足消费者日益多样化的需求，并在激烈的市场竞争中保持领先地位。

三、现代企业管理创新的基本要求

在实施企业管理的创新过程中，拥有一个具备创新意识的创新主体是至关重要的。这一创新主体不仅需要具备敏锐的洞察力，能够准确地把握企业与管

理发展的大趋势，还需要在现实问题中迅速定位关键性节点，并深入剖析其背后的深层次原因。他们应能结合企业的独特性和实际情况，提出并引进那些真正具有价值、能够引领企业发展的创意，作为管理创新的起点和萌芽。

然而，仅有创新意识还远远不够，创新能力的强弱直接关系到这些创意能否被有效实施，并最终转化为实实在在的创新成果。因此，创新主体的创新能力成了企业管理创新不可或缺的一环。这种能力在个人层面，往往与个人的天赋、知识积累、思维方式等紧密相连；而在群体层面，则更多地体现在员工智能结构的合理性、团队成员之间的紧密协作以及高效的组织结构上。

同时，良好的基础条件是企业管理创新得以顺利进行的基石。这包括完善的基础数据管理体系、清晰的技术档案记录、准确的统计信息、严谨的工作规则、流畅的工序流程安排、规范的会计核算体系以及明确的岗位责任标准等。只有当这些基础管理工作做得扎实、到位，才能为管理创新提供坚实的支撑和保障。

此外，一个良好的创新氛围也是激发创新主体创新意识、发挥创新能力的重要外部条件。在宽松、自由、鼓励创新的氛围中，人们的思维更加活跃，创意更加丰富，也更愿意尝试新的方法和路径。相反，如果氛围沉闷、压抑，那么人们的创新热情就会受到抑制，创新思维也会受到束缚。

当然，管理创新并非空中楼阁，它必须紧密结合企业的实际情况和特点来进行。每个企业都有其独特的文化、资源、市场定位和发展战略，因此管理创新必须因地制宜，因企制宜，抓住企业的核心特点和优势，进行有针对性的创新和实践。

最后，明确的管理创新目标是推动创新活动顺利进行的重要指引。这个目标应该既具有前瞻性，又具有可行性，能够清晰地描绘出创新活动希望达到的状态和结果。同时，由于创新活动本身具有不确定性和风险性，因此在设定目标时需要保持一定的弹性和灵活性，以应对可能出现的各种变化和挑战。只有这样，才能确保管理创新活动能够顺利推进，并取得预期的成果。

四、企业的管理创新实践

（一）适应市场：构建动态平衡的企业管理体系

适应市场，是企业生存与发展的基石，也是增强企业应变能力的关键所在。随着市场环境的不断变化，我国企业正面临着前所未有的挑战与机遇。从卖方市场到买方市场的转变，意味着消费者需求的多样化和个性化日益凸显，企业必须以消费者为中心，精准把握市场需求。同时，国际化进程的加速使得我国市场与国际市场的联系日趋紧密，经济发展的对外依存度显著增加，这要求企业必须具备国际视野，积极参与国际竞争与合作。

市场化程度的提高和市场细分化的加强，使得市场竞争更加激烈和规范化。信息化和经济全球化的浪潮更是从根本上改变了企业的内外关系，企业不再是孤立的个体，而是置身于一个复杂多变的网络之中。因此，企业必须积极适应这些变化，就经营目标、内外部环境以及同环境的积极适应等问题进行深入谋划和科学决策。

为了实现企业环境、企业能力、企业经营目标的动态平衡和统一，企业管理必须向两头延伸。一方面，要向后延伸到产品营销和售后服务，构建完善的市场营销体系，提升产品附加值和客户满意度；另一方面，要向前延伸到产品设计开发，加强技术研发和创新能力，确保产品能够紧跟市场潮流，满足消费者需求。这种转变要求企业从传统的橄榄型管理体制向哑铃型管理体制转变，即加强两端（设计和营销）的能力，而适当缩减中间（生产）环节，实现资源的优化配置和高效利用。

同时，企业管理必须紧紧围绕市场和竞争环境的变化，制定灵活的应战策略。要引入市场机制到企业内部，运用市场规律来优化资源配置、盘活存量资产、加快技术进步和提高运作效率。这样，企业才能真正以市场为中心，不断提升自身的应变能力和竞争力。

（二）以人为本：激发全员创新活力，构建创新型企业

企业的管理创新是以人为本的创新活动，它依赖于企业家的主导作用和全体员工的积极参与。因此，以人为本的管理理念是企业管理创新的核心。要注重人才开发，首先就要激发企业家的创新激情，发挥他们在创新过程中的主导作用。这就要求我们加强企业家素质、知识、才能、风险意识和创新精神的培养，提高他们的综合素质和领导能力。

然而，当前我国国有企业领导人中高素质企业家短缺的问题仍然突出，这已经成为制约企业竞争力的最大因素。因此，我们必须从制度上推动企业经营者职业化进程，让他们真正向企业家过渡。同时，建立完善的考核制度也是必不可少的，它要与现代企业制度相适应，形成有效的激励和约束机制，从而激发企业家的创新动力和创新能力。

此外，人本管理的推行也离不开全体员工的积极参与和支持。企业员工是企业管理活动的主体和创造者，他们的理解、支持与参与是企业管理创新取得成功的关键。因此，企业家要尊重员工、关心员工、依靠员工、激励员工，为

他们提供良好的工作环境和发展空间。同时，要加强全员职业培训和文化素质教育，提高员工的专业技能和综合素质。通过提倡、鼓励、督促营造企业成员的学习氛围，激发员工的创造热情和创新能力，使他们积极投身到管理创新中来。这样，企业才能构建起一个充满活力和创新能力的团队，为企业的持续发展注入源源不断的动力。

第六章

国际工商管理

第一节 国际商务管理

一、国际组织结构

（一）集权化与分权化：决策权力的分配艺术

高层管理者在企业管理中扮演着至关重要的角色，其中一项核心任务就是确定组织决策的集权或分权程度。集权化决策，意味着将决策大权牢牢掌握在高层管理者手中，如公司总部，这种决策方式强调统一指挥和高度控制。相反，分权化决策则是将决策权下放至较低的组织层级，如各海外子公司，鼓励地方自主管理。

在全球化经营的背景下，母公司管理者是否应深度介入海外子公司的决策过程，抑或保持适度距离，仅参与关键决策，成了一个值得深思的问题。显然，某些决策权必须下放，以确保子公司的灵活性和效率。若高层管理者事无巨细地介入每家子公司的日常决策，不仅会消耗大量精力，还可能导致决策效率低下和战略失焦。

那么，何时应选择集权呢？集权化决策在协调各海外子公司经营活动方面发挥着重要作用。对于跨行业或多国市场运营的公司而言，这种协调性至关重要。当一家子公司的产出直接成为另一家子公司的投入时，从高层统一协调经营活动能显著提升效率。同样，当所有子公司在生产过程中使用相同的投入品时，集中采购权能降低采购成本，提高采购效率。

在财务资源方面，一些公司采取严格的集中控制策略，要求子公司将利润全额汇回母公司，再根据实际需求重新分配资金。这种做法能有效避免资金闲置或浪费，确保资金流向最具潜力的项目。此外，集中制定政策、程序和标准也是集权化的一种体现，它有助于形成统一的全球组织文化，促进管理人员在全球范围内的流动和融合。

然而，分权化也有其独特优势。当地方管理者因决策成果而获得奖励时，他们会更加投入地制定和执行这些决策，因为这与他们的切身利益息息相关。相比之下，若地方管理者仅负责执行上级政策，他们可能会将不佳业绩归咎于公司决策与当地环境的不匹配。因此，当管理者对决策的制定和执行负有直接责任时，他们往往会更加谨慎地考虑各种选择，从而制定出更有效的决策，实现更好的业绩。

（二）协调性与灵活性：组织结构的双重挑战

在组织管理中，协调性与灵活性是不可或缺的两个要素。对于身处多种国内商务环境、在全球范围内生产和销售产品的公司而言，制定合理的组织结构至关重要。这包括明确界定责任范围和指挥链，确保每个员工都能清晰地了解自己的职责和上级的指示。指挥链作为权力链的延伸，从最高领导层贯穿至每个员工，确保了组织内部的顺畅沟通和高效执行。

同时，公司还需要一个能够将各部门紧密连接起来的组织结构，以促进跨部门合作和资源共享。这种协调性不仅有助于提升组织效率，还能增强组织的凝聚力和向心力。

然而，组织结构并非一成不变。随着公司内部或外部环境的变化，组织结构也需要做出相应调整。由于组织结构通常基于公司战略而构建，因此战略的变动往往要求组织结构进行相应的调整。同样地，国内商务环境的变化也会引发战略调整，进而影响组织结构的设计。对于那些文化、政治和经济环境变化较快的国家，公司更应密切关注并及时调整组织结构，以确保组织能够灵活应对各种挑战和机遇。

（三）组织结构的类型：多元化选择以适应国际商务需求

在国际商务活动中，公司需根据自身业务特点、市场环境及战略目标，灵活选择适合的组织结构。以下四种组织结构类型，是众多国际公司在进行全球布局时最为常用的选择。

国际部门结构，作为一种经典的组织模式，通过设立独立的国际部门，明确区分国内与国际业务，实现了业务的清晰划分。这一结构下，国际部门会进一步根据目标国家设立国别单位，每个国别单位均配备完整的职能部门，如市场营销、财务、生产等，以确保当地业务的全面开展。国际部门结构的优势在于能够集中国际专业知识，培养具备外汇管理、出口政策、政府关系等多方面能力的专家团队，从而有效降低国际业务成本，提高运营效率，并有效避免国内外业务间的潜在冲突。对于初涉国际业务或国际业务占比较小的公司而言，这种结构尤为适用。

国际区域结构，则是根据公司业务覆盖的地理区域进行划分，如亚洲区、欧洲区、美洲区等，每个区域任命一位总经理负责整体运营。在此结构下，各区域分部作为相对独立的经营实体，享有较高的决策自主权，能够灵活应对地区市场差异，满足特定顾客群的需求。母公司总部则侧重于制定总体战略，并协调各区域分部的活动，确保全球战略的一致性。国际区域结构特别适合那些重视地区市场独特性、面临显著文化差异或经济差异的公司，它能够确保各分部在保持独立性的同时，也能实现全球资源的有效整合。

全球产品结构，则是按照公司的产品线或服务领域来组织全球业务。对于提供多样化产品或服务的公司而言，这种结构能够解决国际部门结构中可能存在的协调性问题。每个产品部门都会设立国内和国际分部，管理者需确保国内外活动的紧密协调，以避免冲突和重复工作。全球产品结构有助于公司集中资源于核心产品，提升全球市场的竞争力。

全球矩阵结构，则是一种更为复杂但极具灵活性的组织结构。它结合了产品部门和区域部门的优势，通过设立双重指挥链，即每个经理人需同时向产品部负责人和区域部负责人报告，实现了跨部门、跨地区的协同决策。矩阵结构能够汇聚不同领域的专家，形成高效团队，共同应对全球市场的挑战。这种结构特别适用于那些追求快速响应市场变化、降低成本并加强全球业务协调的公司。然而，矩阵结构也需要更高的管理水平和更强的沟通协调能力，以确保各部门间的顺畅合作和决策效率。

二、投资进入模式

（一）全资子公司：深度掌控与战略实施的利器

全资子公司，顾名思义，是指由单一母公司全面拥有并掌控的子公司形式。母公司在设立全资子公司时，通常有两种主要途径：一是从零开始，亲手创立新公司并构建全新的生产设施；二是通过并购现有公司，直接接手其运营资产与业务体系。选择新建还是并购，往往取决于母公司对于未来经营活动的规划与预期。

　　相较于新建公司，寻找并收购一家已具备市场营销和销售能力的公司，通常更为便捷且高效。此类收购无须从零开始建立市场渠道，能够迅速融入目标市场，特别是当被收购公司持有有价值的商标、品牌或专有技术时，收购更是成了一种战略上的优选。通过并购，母公司能够迅速获得市场准入，同时利用被收购公司的既有资源，加速子公司在目标市场的布局与运营。

　　全资子公司作为进入一个国家市场的模式，具有两大显著优势。首先，它赋予了母公司对子公司日常经营活动的全面控制权，确保核心技术、工艺流程等无形资产得以妥善保护，并有效防止竞争对手窃取公司竞争优势。在技术驱动型企业中，这一点尤为重要。同时，母公司还能对子公司的产出与定价实施严格管控，确保子公司创造的所有利润均流向母公司，与许可或特许经营方式相比，全资子公司模式在利润分配上更具优势。其次，对于追求全球战略协同的公司而言，全资子公司是理想的进入模式。它使得公司能够从全球战略视角出发，将各国市场视为相互关联的全球市场体系的一部分，从而实现资源的优化配置与战略协同。

　　然而，全资子公司模式也存在两大显著缺陷。一是资金投入巨大，公司需通过内部集资或外部融资筹集资金，对于中小企业而言，资金筹集难度较高，通常只有大型企业才有能力设立国际全资子公司。二是风险较高，全资子公司需投入大量资源，且面临目标市场政治、社会等不确定性因素带来的风险。这些风险严重时可能危及公司的物质财产与人员安全。此外，全资子公司还需承担消费者拒绝购买产品所带来的市场风险。因此，在进入目标市场前，母公司需充分调研消费者需求，以降低此类风险。

（二）合资企业：共享资源与风险共担的智慧选择

　　在某些特定情境下，公司可能更倾向于与他人共享经营活动的所有权，而非完全掌控。合资企业便是由两个或两个以上独立经济实体为共同实现商业目标而设立并共同拥有的独立企业形式。合资企业的合作伙伴可以是私营企业、政府机构或国有企业，各方可投入各自认为有价值的资源，包括管理才能、营销技巧、市场准入、生产技术、金融资本以及研发领域的高级知识或技术等。

　　值得注意的是，当政府部门成为合资企业的合作伙伴时，可能会对合资企业的控制权产生一定影响。特别是在广播、基础设施、国防等涉及国家文化安全与市场准入的敏感性产业中，政府部门的参与往往更加显著。此时，合资企业的利益可能会因政府出于文化保护或国家安全考虑而受损。因此，在选择合资企业模式时，公司需充分评估政府参与度及其可能带来的风险与影响，以确保合资企业的稳健运营与长期发展。

（三）战略联盟：灵活合作，共创双赢

在日益激烈的全球市场竞争中，公司往往寻求与其他企业的合作，以共同应对挑战、实现战略目标，而又不希望被合资企业的固定模式所束缚。这时，战略联盟便成了一种理想的合作方式。战略联盟，即两个或两个以上独立的经济实体，为了各自的战略目标而建立的合作关系，它既可以是短期的项目合作，也可以是长期稳定的伙伴关系，其存续时间完全取决于参与各方的共同目标和需求。

战略联盟的魅力在于其灵活性和多样性。公司可以与供应商、客户甚至竞争对手携手，共同开拓市场、分享资源、降低风险。在某些情况下，合作伙伴之间还会通过相互持股的方式，进一步加深彼此的利益绑定，确保合作的稳定性和长期性。这种股权联结不仅让每家公司都更加关注合作伙伴的业绩，也有效降低了合作中的机会主义行为，增强了联盟的稳固性。

战略联盟为公司带来了多重优势。首先，它能够分散国际投资项目的成本和风险，使公司能够更轻松地进入新市场或开展新业务。其次，通过联盟，公司可以借助合作伙伴的专长和优势，弥补自身的不足，实现资源的互补和优化配置。例如，门户网站与技术公司之间的战略联盟，就常常旨在整合双方的技术、流量和用户资源，共同提升市场竞争力。最后，战略联盟还能帮助公司进入合作伙伴在目标市场的分销渠道，降低市场进入壁垒，同时减少合资企业中可能遇到的各类风险。

（四）选择合作伙伴：审慎评估，共筑信任基石

合作伙伴的选择是战略联盟成功的关键。由于每个公司的目标和战略都独具特色，合作过程中难免会遇到分歧和挑战。因此，在选择合作伙伴时，公司必须进行全面而深入的评估，确保双方的战略目标、企业文化和经营理念能够相互契合，为长期的合作奠定坚实的基础。

合作协议的明确性和可执行性是保障合作顺利进行的重要前提。在签订协议之前，各方应详细列明各自在合作协议中的责任、义务和期望成果，确保每个参与者都能清晰理解并遵守协议条款。同时，公司还应建立有效的沟通机制和监督机制，及时发现并解决合作过程中的问题，确保合作能够持续、稳定地

推进。

信任是合作的基础，也是战略联盟成功的关键。在选择合作伙伴时，公司应优先考虑那些有良好信誉、过往合作记录良好的企业。对于中小企业而言，虽然缺乏国际经验和国际合作机会可能增加了选择合作伙伴的难度，但通过积极参与行业交流、寻求专业机构的帮助等方式，它们仍然可以寻找到值得信赖的合作伙伴，共同开启国际合作的新篇章。

三、制定促销战略

（一）推动战略与拉动战略：精准定位，策略制胜

在市场营销的广阔舞台上，公司常采用两种截然不同的促销战略来传递营销信息，吸引消费者。这两种战略，即推动战略与拉动战略，既可单独运用，也可并驾齐驱，共同助力产品走向市场。

拉动战略，顾名思义，是通过创造并激发消费者的需求，从而促使分销渠道商主动储备并推销公司产品的策略。其核心在于"拉"，即通过直接营销等手段，如社交媒体营销、精准广告投放等，直接触达消费者，激发他们的购买欲望，进而形成对产品的强烈需求。这种战略在品牌忠诚度高、消费者有明确购买意向的产品领域尤为奏效。例如，高端消费品或具有独特卖点的创新产品，往往能通过拉动战略迅速占领市场。

相比之下，推动战略则更多地依赖于对分销渠道商的激励与压力，促使其积极进货并推销给最终消费者。这种战略在商场、杂货店等传统销售渠道中尤为常见，通过提供优惠政策、销售奖励等方式，激发渠道商的销售热情。然而，推动战略的实施效果往往受到分销体系、渠道商权力结构以及产品特性等多重因素的影响。若渠道商权力过大或分销链条过长，推动战略可能难以奏效；而对于品牌忠诚度低、价格敏感的消费群体，推动战略则能更有效地促进销售。

在选择推动战略与拉动战略时，公司需综合考虑分销体系、接触大众传媒的机会以及产品类型等多重因素。例如，在发展中国家和新兴市场，由于传媒资源有限，消费者接触信息的渠道相对狭窄，此时拉动战略可能面临挑战。而在品牌忠诚度高、消费者购买决策相对理性的市场，拉动战略则能更精准地触达目标消费者，实现销售转化。

（二）国际广告：跨越文化，传递价值

在国际市场上进行广告宣传，相较于国内市场而言，其复杂性与挑战性不言而喻。管理者需深入洞察目标市场的文化背景、消费习惯及法律法规，以确保广告内容既符合当地审美，又能有效传递品牌信息。

标准化与本土化，是国际广告策略中的两大核心议题。标准化策略旨在通过统一的广告形式、宣传语及视觉元素，在全球范围内树立一致的品牌形象，降低广告制作成本，提升品牌识别度。然而，文化的差异性与多样性要求公司在实施标准化策略时，必须充分考虑目标市场的特殊性，对广告内容进行适度调整，以避免文化冲突与误解。

本土化策略则更侧重于根据目标市场的文化特色、消费习惯及法律法规，量身定制广告内容，以更好地融入当地市场，赢得消费者的认同与共鸣。这种策略在文化差异较大的市场中尤为重要，能够帮助公司迅速适应市场环境，提升品牌竞争力。

在全球化营销的大背景下，越来越多的公司开始探索标准化与本土化的融合之道。通过提炼品牌的核心价值与理念，结合目标市场的具体情况，打造既具有全球一致性又兼具本土特色的广告作品。同时，赞助全球性的体育赛事等跨国活动，也成为公司提升品牌知名度、扩大市场影响力的重要途径。这些赛事不仅吸引了全球媒体的关注，更为公司提供了展示品牌形象的绝佳平台，让品牌信息跨越国界，传递给世界各地的消费者。

（三）产品促销组合战略

当公司将其营销业务扩展到全球范围时，它们必须精心制定一套产品与促销组合战略，以确保在全球各市场中都能有效地传递品牌价值和产品信息。针对每个特定的市场，公司需深入考虑产品的自身属性、市场特点以及销售过程中所需运用的营销组合元素。在深入探讨了营销的传播过程后，我们接下来将详细剖析公司可以采纳的两种产品促销方法以及这些方法各自适用的场景和条件。

首先，传播促销信息是营销活动的核心环节。将产品的促销信息精准地传递到目标市场，不仅要求公司精通多种语言，还需深刻理解不同文化背景下的消费者心理和行为模式。因为文化差异可能导致消费者对同一促销信息的理解和接受程度大相径庭。此外，各国关于产品促销的法律法规也各不相同，这进一步增加了国际营销传播的复杂性。因此，公司在制定营销传播策略时，必须

充分考虑这些因素，以确保信息的准确传递和有效接收。

营销传播被视为一个动态的循环过程，其中公司是信息的源头，负责将营销理念编码为具体的促销信息，并通过各种媒体渠道将信息传播给目标受众。这些媒体渠道包括电视、广播、报纸杂志、广告牌以及直接的邮件投递等。消费者接收到这些信息后，会进行解码和解读，形成对产品的认知和印象。随后，消费者的反馈会再次回到公司，形成信息的闭环。然而，在这个过程中，消费者可能会受到各种"噪声"的干扰，如文化差异、语言障碍或信息过载等，这些都会影响他们对促销信息的理解和接受。

其次，我们探讨两种产品促销方法：产品延伸与传播延伸以及产品延伸与传播本土化。产品延伸与传播延伸策略是指公司将国内成功的产品及其促销手段直接复制到其他目标市场。这种策略在信息时代尤为有效，因为全球各地的消费者都能迅速了解到最新的产品趋势和潮流。然而，这种策略更适用于那些对文化差异不太敏感的消费群体，或者那些在全球范围内具有普遍吸引力的产品。

再次，产品延伸与传播本土化策略则更加灵活。公司保持产品本身不变，但根据目标市场的特定需求和文化特点，调整营销传播的方式和内容。通过改变传播策略，公司可以突出产品的不同功能或特点，以吸引不同类型的消费者。这种策略的优势在于无须对产品进行任何改动，从而控制了成本。然而，调整传播方式可能需要投入大量资金，特别是在目标市场之间存在显著文化差异的情况下。例如，使用当地演员重新拍摄广告，虽然能更贴近当地消费者的文化审美，但也会显著增加促销成本。

最后，当目标市场与本国市场存在巨大差异，或者当地消费群体的购买力较低时，公司可能需要考虑研制新产品来满足特定市场的需求。这种策略要求公司深入了解目标市场的消费者需求、购买习惯以及竞争格局，从而开发出真正符合当地市场需求的产品。虽然这种策略的实施难度较大，但一旦成功，将为公司带来巨大的市场机会和竞争优势。

四、制定分销战略

（一）设计分销渠道：精准定位与成本控制的艺术

在构建分销渠道时，管理人员需深思熟虑两个核心要素：市场受众面的广度与分销成本的合理性。这不仅是策略制定的基石，更是确保产品成功推向市场的关键。

1. 市场受众面：精准触达，构建壁垒

市场受众面，即产品需覆盖的潜在顾客群体规模，是分销渠道设计的首要考量。独占型渠道作为一种高效策略，通过授予一个或少数几个分销商独家销售权，不仅使生产商能够紧密掌控产品销售链，还巧妙限制了竞争对手产品的流通。这种设置如同为自家产品筑起了一道坚固的防线，有效抵御了外部竞争，确保了市场份额的稳固增长。

2. 渠道长度与成本：优化结构，降本增效

渠道长度，简而言之，即生产商与消费者之间中间商的数量层级。从零距离渠道（直接销售）到多级渠道（包含多个中间商），每增加一层中间商，产品售价便因各环节的服务成本叠加而上升。对于价格敏感型产品，如糖果、食品及小型家用品，渠道长度的选择尤为关键。管理者需精心权衡，既要确保产品广泛覆盖，又要避免成本过高导致价格失去竞争力。

（二）产品特性影响：价值密度引领分销策略

产品价值密度，即产品价值与重量或体积的比值，是制定分销战略时不可忽视的重要因素。它直接关联到产品运输的经济性与可行性。

1. 低价值密度产品：本土化分销，降低成本

对于价值密度较低的产品，如水泥、铁矿石、原油等，由于其重量大且单位价值相对较低，运输成本占比较高。因此，这类产品的生产往往紧邻原材料产地，以减少运输距离，降低物流成本。分销策略上，更倾向于采用本土化模式，确保产品以最低成本快速抵达消费者手中。

2. 高价值密度产品：灵活加工，全球流通

相反，价值密度高的产品，如翡翠、半导体、香水等，其昂贵的价格使得运输成本相对微不足道。这类产品可在全球范围内灵活选择加工地点，再运往各目标市场。高价值密度赋予了它们更强的流通性与市场适应性，分销策略也因此更加灵活多样，旨在最大化利用全球资源，满足广泛的市场需求。

设计分销渠道需综合考虑市场受众面、渠道长度与成本以及产品特性等多重因素，通过精准定位与成本控制，构建高效、经济的分销网络，助力产品成功驰骋市场。

第二节　国际投资风险管理

一、政治风险的评估

（一）国别评估报告

1. 政治评估

政治评估的核心在于全面剖析对象国政府的经济运营能力和应变能力。在经济运营能力方面，需细致考察政府官员的政策设计能力，即他们能否制定出科学合理、具有前瞻性的经济政策；经济官员对政府决策人的影响能力，这关系到经济政策能否得到有效执行；政府首脑的决策能力，其决策的智慧与果断性将直接影响国家的经济走向。在环境变化的应变能力上，需重点关注政府对国际经济环境变动的敏感度和响应速度，如面对石油价格剧烈波动、世界经济周期调整等挑战时，政府能否迅速调整国际收支，保持经济稳定。

2. 经济评估

经济评估侧重于对象国生产要素的丰富程度和发展战略的合理性。自然资源方面，需评估其现有资源的储量、开发潜力及已开发程度，以判断其对未来经济发展的支撑力。人力资源方面，需考察劳动者的教育水平、技能掌握情况以及企业家的创新精神和管理能力，这些因素直接关系到生产效率和经济活力。在发展战略上，需分析过去和现在的长期经济发展战略是否与该国自然资源、人力资源相匹配以及这些战略的实施效果。国内资金来源方面，需关注国内资金在开发投资中的占比以及政府为促进储蓄增长所采取的政策措施。外贸出口方面，则需评估出口商品的种类、数量以及出口市场的多元化程度，以判断其对外贸易的稳定性和抗风险能力。

3. 对外金融评估

对外金融评估主要关注对象国的国际金融状况。在国际收支状况上，需详细分析当前状况、预测未来趋势，并评估其对国家经济安全的影响。外债状况方面，需关注外债的增长率、债务结构以及未来可能产生的债务负担，以判断其偿债能力和债务风险。外汇储备上，需评估外汇储蓄是否充足以及按进口规模和出口规模推算的合理水平，以确保国家有足够的外汇储备来应对可能的国际支付危机。在借款可能性上，需考察对象国从国际金融组织筹措用于国际收支调整贷款的能力，以评估其应对金融危机的外部支持。

4. 政局稳定性评估

政局稳定性评估则侧重于对对象国和全球政治状态的全面考察。在国内政局方面，需关注政府领导班子能否顺利交接以及各项政策的持续性和稳定性，以确保政策执行的连贯性和可预期性。在国际政局方面，则需关注区域和全球政治局势的稳定性以及这些局势变化可能对对象国政治经济环境产生的影响。

（二）评分定级法

评分定级法是一种量化评估对象国风险的方法，通过一组固定的评分标准来衡量各个风险因素，并确定风险分数。该方法因其简便易行、易于比较不同国家风险而得到广泛应用。其评分定级过程通常分为以下四个阶段。

第一阶段：确定考察风险因素。根据评估目的和对象国的实际情况，选定一系列关键的风险因素，如负债率、人均收入、政治稳定性等。

第二阶段：确定风险评分标准。为每个风险因素设定具体的评分标准，分数越高表示风险越大。这一步骤需要充分考虑各因素的性质、重要性和对整体风险的影响程度。

第三阶段：汇总分数并确定风险等级。将各风险因素的分数进行汇总，根据总分的高低确定对象国的风险等级。风险等级越高，说明该国面临的风险越大。

第四阶段：进行国家间风险比较并确定投资方向。根据各国风险等级的比较结果，结合投资目标和风险偏好，确定投资的方向和策略。

（三）预先警报系统

在进行政治风险评估时，预先警报系统能够提前发出风险预警，帮助投资者及时采取措施规避风险。其中较为常用的指标如下。

1. 偿债比率

该比率反映了一个国家偿付外债的能力。一般认为，偿债比率在 20% 以下表明该国拥有较强的偿还能力，而高于 25% 则可能面临债务困难，存在不能归还到期债务的风险。

2. 负债比率

该比率揭示了一个国家的经济规模与外债之间的关系。当负债比率低于15%时，通常认为较为安全；而高于30%则容易发生债务危机，对国家的经济稳定构成威胁。

3. 负债对出口比率

该比率用于衡量一个国家短期内偿还全部外债的能力。在发展中国家短期债务比重日益增加的背景下，该比率越低，说明该国在短期内偿还外债的能力越强，不易发生债务危机。

4. 流动比率

该比率表示一个国家外汇储备相当于进口额的月数。一般认为，相当于5个月进口额的外汇储备是比较充足的，能够应对突发的进口需求；而低于一个月进口额的外汇储备则是危险的，可能无法及时支付进口费用，导致经济动荡。

二、政治风险的防范：策略与实践

（一）生产和经营战略：构建稳固防线，防范政治风险

在生产与经营层面，投资者需精心布局，以确保在东道国政府采取征用、国有化或没收等政策措施时，企业能够维持正常运转，从而有效防范政治风险。

1. 生产战略：双管齐下，确保供应链安全

控制原材料及零配件供应：选择进口原材料和零配件，虽面临较高的运输成本和较长的交货周期，但能确保投入品的品质与来源不受东道国政府控制，显著降低政治风险。即便企业被征用，缺乏关键原材料和零配件的支持，东道国也难以维持企业的正常运营，从而降低了征用行为的实际效果。

掌握专利与技术诀窍：紧握专利与技术诀窍这一核心竞争力，确保企业在被征用后，东道国因缺乏这些关键要素而无法延续原有的经营模式，从而保护企业的长期利益。

2. 营销战略：把控出口渠道，强化市场控制

通过精心布局产品的出口市场以及建立稳固的产品出口运输与分销网络，投资者可以确保在被东道国政府接管后，企业产品仍能有效进入国际市场，避免生产出的产品因无法出口而积压，从而有效减轻被征用的风险。

（二）融资战略：多元化融资，降低政治风险

在融资层面，投资者应灵活运用多种融资渠道，特别是积极在东道国金融市场上寻求资金支持，以构建多元化的融资结构，降低政治风险。

积极争取东道国融资：尽管在东道国融资可能面临较高的成本，且可能受东道国政府货币政策调整的影响，但此举能显著增强企业与东道国金融体系的关联，使得东道国政府在考虑对企业采取不利政策时，需权衡对本土金融机构的潜在影响，从而在一定程度上抑制了征用等极端措施的实施。

三、汇率风险管理：全面识别，精准应对

（一）汇率风险概述：深入剖析，明确风险类型

1. 交易风险：细化管理，减少不确定性

交易风险主要源于已达成但尚未完成的以外币计价的经济业务，因汇率波动而可能导致损益。这包括已列入资产负债表的应收应付账款项目以及未来可能产生的应收应付项目，如远期合同、租赁费用、未履行订单等。投资者需对这些项目进行全面梳理，制定针对性的风险管理措施，以减少汇率变动带来的不确定性。

2. 折算风险：会计调整，反映真实价值

折算风险涉及跨国公司在会计期末将分支公司财务报表合并时，因汇率变动导致的资产价值损益。这是一种会计概念上的风险，虽不直接反映企业实际的经营损益，但会影响企业的财务报表和财务比率，进而影响投资者的决策。因此，投资者需密切关注汇率变动，及时调整会计记录，以反映企业的真实财务状况。

3. 经济风险：全局视角，应对市场变化

经济风险是汇率变动对跨国公司整体经营环境产生的深远影响，它可能导致业务现金流的变更，进而引发经济损益。汇率变动会改变国内外商品的比价结构，影响生产条件和需求模式，从而对跨国公司的经营活动产生全面影响。投资者需从全局视角出发，深入分析汇率变动对市场需求、竞争格局、成本结构等方面的影响，制定灵活的经营策略，以应对市场变化带来的挑战。

（二）汇率预测

1. 汇率预测的内容

汇率预测是跨国公司进行国际业务时不可或缺的一环，它主要围绕以下三项核心内容展开。

汇率变动的方向：这是预测的首要任务，因为货币内在价值的升降会直接导致汇率的变动，进而决定跨国公司是在国际市场上获得收益还是遭受损失。预测方向需要深入分析全球经济形势、国家政策、市场心理等多重因素。

汇率变动的幅度：在确定了汇率变动方向后，幅度的预测同样重要。它决定了跨国公司收益或损失的具体大小，是制定风险管理策略的关键依据。预测幅度需考虑经济数据的波动范围、历史汇率走势的参考以及市场预期等因素。

汇率变动的时间：时间点的预测对于跨国公司来说同样至关重要。它决定了公司何时需要采取应对措施，以最小化汇率变动带来的负面影响。预测时间点需要综合考虑经济周期、政策调整时间窗口以及市场反应速度等。

2. 影响汇率的因素

汇率的变动受到多种复杂因素的影响，以下是几个主要因素。

国际收支：作为一个国家对外经济活动的综合反映，国际收支的顺差或逆差会直接影响外汇市场的供需关系，进而影响汇率。顺差时，外汇供给增加，本币汇率上升；逆差时，外汇需求增加，本币汇率下降。

相对通货膨胀率：通货膨胀率反映了货币购买力的变化，相对通货膨胀率较高的国家，其货币内在价值下降较快，导致汇率下跌。因此，比较各国通货膨胀率差异是预测汇率变动的重要参考。

相对利率：利率差异会影响资金流动，进而影响汇率。高利率国家吸引外资流入，本币需求增加，汇率上升；低利率国家则资金流出，本币汇率下降。

国际储备：国际储备是一个国家干预外汇市场、稳定汇率的重要工具。储

备充足的国家，政府干预能力强，市场信心足，本币汇率易上扬；反之，储备不足则可能导致汇率下跌。

（三）汇率风险的防范

1. 交易风险和折算风险的防范

针对交易风险和折算风险，跨国公司可以采取以下防范对策和规避方法。

利用远期外汇市场套期保值：通过远期外汇交易，锁定未来某一时间点的汇率，从而规避因汇率变动带来的交易风险。这种策略适用于有明确收付时间的外币债权债务。

利用货币市场套期保值：通过货币市场操作，如借贷款等，创造出与外币债权债务相匹配的应付和应收账款，以抵消汇率变动的影响。这种策略需要较高的金融市场操作能力和风险管理水平。

提前或推迟支付：基于汇率变动的预测，通过调整支付时间，可以规避部分外汇风险。但这种方法可能涉及与交易对方的协商和合作，实施难度较大。

平行贷款：通过两个不同国家的跨国企业间的相互贷款，实现货币兑换和汇率风险的分散。这种策略需要双方企业有良好的信用和合作关系。

2. 经济风险的防范

经济风险是指汇率变动对跨国公司长期经营和盈利能力的影响，其防范策略如下。

分散化经营战略：通过在不同国家和行业开展业务，实现经营风险的分散。当某一国家或行业受到汇率变动影响时，其他国家和行业的业务可以部分或全部抵消这种影响，从而降低整体风险。

营销管理战略：在子公司所在国货币贬值时，通过调整销售策略和定价策略，增加销售收入，部分抵消汇率变动带来的损失。这要求子公司具备灵活的市场反应能力和定价策略调整能力。

生产管理战略：当子公司所在地货币贬值导致进口投入品成本上升时，母公司应指导子公司寻找国内替代品或调整生产流程，以降低生产成本。这要求子公司具备较高的生产管理和成本控制能力，同时需要母公司对全球供应链有深入的了解和把控。

汇率预测和风险防范是跨国公司进行国际业务时必须面对的重要课题。通过深入分析影响汇率的因素、准确预测汇率变动趋势，并采取有效的风险防范策略，跨国公司可以在激烈的国际竞争中保持稳健的经营和持续的盈利能力。

四、经营风险管理

（一）经营风险概述：全面剖析企业跨国经营中的潜在挑战

经营风险，作为企业在跨国经营过程中必须面对的一大挑战，其根源在于市场条件、生产技术等多方面的变化，这些变化可能给企业带来不可预知的损失。经营风险并非单一存在，而是由一系列具体风险构成，共同影响着企业的稳健运营。

1. 价格风险：国际市场的风云变幻

价格风险，源于国际市场上商品价格的波动性。由于全球经济的复杂性，诸如供需关系、政策调整、自然灾害等多重因素都可能引发价格波动，进而对企业造成经济损失。这种风险具有经常性和普遍性的特点，要求企业时刻保持警惕，灵活应对。

2. 销售风险：产品与市场之间的微妙平衡

销售风险，主要源于产品销售过程中的诸多不确定性。市场预测失误、产品不适应消费者需求、价格策略不当、广告宣传不力、销售渠道不畅等，都可能导致销售受阻，进而影响企业的盈利能力和市场份额。

3. 财务风险：资金流转的紧绷之弦

财务风险，是企业经营中最为直接且严峻的风险之一。当企业面临入不敷出、现金周转不灵、债务累积无法偿还等困境时，其生存和发展都将受到严重威胁。

4. 人事风险：人才管理的双刃剑

人事风险，涉及企业员工的招聘、选拔和任命等环节。任人唯亲、提拔不当、环境变化导致员工不胜任等，都可能影响企业的团队凝聚力和执行力，进而对整体运营产生负面影响。

5. 技术风险：创新之路上的荆棘

技术风险，源于新技术开发的高昂成本、与原有技术的兼容性以及新技术的实用性等不确定性。这些风险不仅关乎企业的技术创新能力，更可能影响到企业的市场竞争力。

（二）经营风险的规避：策略与实践

面对经营风险，企业需采取积极有效的措施进行规避和应对。

1. 风险规避：未雨绸缪，防患于未然

风险规避，是企业在投资前通过深入分析风险来源和影响因素，主动避免或改变投资方向，以彻底消除特定风险。虽然风险规避能够为企业提供最彻底的保护，但也可能导致企业错过一些有价值的投资机会。因此，在实际运用中需权衡利弊，谨慎决策。常见的规避方式包括改变生产流程、产品、生产经营地点，放弃高风险项目以及采取闭关自守的策略等。

2. 风险抑制：积极应对，降低损失

风险抑制，是在风险无法完全避免的情况下，通过采取一系列措施来降低风险发生的概率和损失程度。与风险规避不同，风险抑制是在承认风险存在的前提下，通过积极的管理和应对来减轻其影响。企业可以通过优化生产流程、提升产品质量、加强市场监测等方式来抑制风险。

3. 风险自留：勇于承担，自我保险

风险自留，是企业对于无法避免和转移的风险，采取主动承担的态度。这要求企业具备足够的经济实力和风险管理能力，以便在风险发生时能够迅速应对并减轻损失。通过设立专项基金、加强内部控制等方式，企业可以更有效地管理自留风险。

4. 风险转移：巧妙分担，共担风险

风险转移，是企业通过经济和技术手段将风险转移给其他主体承担的方式。这包括保险转移和非保险转移两种形式。保险转移是通过向保险公司投保来转移风险，而非保险转移则是通过签订合同、保证书等方式将风险转移给合作伙伴或供应商等。通过风险转移，企业可以更有效地分散风险，降低自身承担的风险压力。

第七章

工商管理的实践案例分析

第一节　品牌识别设计——以床垫为例

一、床垫品牌无形要素设计

（一）品牌理念：深耕人类健康睡眠的广阔领域

营销的本质，归根结底，是深入洞察并满足顾客内心最真实的需求。顾客对产品表面的需求，往往只是冰山一角，其背后隐藏的是更为深层次的渴望与期待。以床垫为例，顾客购买床垫，并非仅仅因为对床垫这一物品本身有所需求，而是他们希望通过床垫这一媒介，为自己打造一个更加舒适、有利于深度休息的睡眠环境，从而真正提升睡眠的质量，让身心在繁忙的生活中得到充分的恢复与滋养。因此，从这个更为宏大的视角出发，品牌所扮演的角色，就远不止一个床垫生产商那么简单。它更像一位守护人类健康睡眠的使者，致力于探索、研究并推广那些能够真正促进人类健康睡眠的理念、产品和服务。这种对消费者内心需求的深度挖掘与满足，正是品牌理念的核心所在。

（二）品牌核心价值：引领科学健康睡眠的新风尚

在快节奏的现代社会中，人们面临着前所未有的压力与挑战。家庭、工作、社会等各方面的重担，使得高质量的睡眠成了一种奢侈。然而，正是这份对美好睡眠的渴望，催生了床垫品牌的核心价值——倡导并实践科学健康的睡眠方式。健康睡眠，不仅意味着睡得好、睡得香，更在于通过科学的睡眠管理，让人们在第二天醒来时能够身心放松、精力充沛，以最佳状态迎接新的挑战。要实现这一目标，仅仅依靠优质的产品是不够的，还需要从睡眠环境、睡眠姿势、睡眠质量、睡眠时间等多个维度出发，全方位地引导消费者科学地改善和提升睡眠体验。这种全面、系统的健康睡眠理念，是品牌深入人心、赢得市场认可的关键所在。

（三）品牌个性：塑造高贵典雅与美丽时尚并存的独特魅力

在品牌林立、竞争激烈的市场环境中，一个拥有鲜明个性的品牌往往更容易吸引消费者的目光，并在他们心中留下深刻的印象。因此，在床垫品牌个性的塑造上，应融合高贵、典雅、美丽、时尚等多种元素，形成既独特又富有吸引力的品牌气质。这些个性诉求，如同璀璨的星辰，不仅照亮了品牌的前行之路，更在消费者心中激起了强烈的情感共鸣与认同感。高贵的气质，让产品显得尊贵而不凡；典雅的韵味，赋予了产品深厚的文化底蕴；美丽的形象，让它在众多品牌中脱颖而出；时尚的元素，则让它始终保持着与时代同步的活力与魅力。这样的品牌个性，不仅能让品牌赢得消费者的喜爱与信赖，更让它在激烈的市场竞争中屹立不倒，成为引领行业潮流的佼佼者。

二、床垫品牌有形要素设计

（一）产品精致化：匠心独运，打造极致睡眠体验

好的品牌在追求产品品质的道路上从不停歇。床垫的透气性设计尤为关键，床垫内部结构巧妙，确保空气流通，才能有效排散湿气，保持床垫干爽舒适。如果能做到全面支持水洗，那么不仅便于日常清洁，更从根本上保障了睡眠环境的卫生与健康。以人体工程学原理为指导，将床垫精细划分为七个区域，每个区域都精准对应人体不同部位，完美贴合身体曲线，为脊椎提供全方位的保护与支撑。

床垫两面的软硬度设计也要匠心独运，一面偏软，适合追求温柔包裹感的消费者；另一面偏硬，满足偏好坚实支撑的消费者的需求。这样的设计，不仅能体现品牌方对消费者个性化需求的深刻理解，也彰显了其精湛技艺。乳胶床垫柔软且舒适，将睡眠体验推向了新的高度。细密的小孔设计，不仅增强了透气性，还可有效防止螨虫和细菌的滋生，让环保与健康并行。高档混纺面料与纳米海绵、高科棉、弹力棉等优质填充料的选用，可将床垫的品质推向巅峰。

品牌应以匠心打造每一款床垫，致力于为消费者找回那份久违的好睡眠，让健康睡眠的理念深入人心，为消费者的睡眠质量提供最大化的保障。

（二）品牌口号：美丽，从健康睡眠开始

在这个追求美丽与帅气的时代，床垫品牌方应倡导这样的观点：美丽，并非仅靠外在的装扮就能轻易获得，它更多地源自内心的健康与自信。而这一切的起点，就是优质的睡眠。

床垫品牌方要深刻认知睡眠对于美丽的重要性，并致力于为消费者提供高品质的睡床产品，帮助消费者拥有更好的睡眠体验。通过科学的床垫设计、优质的材料选用以及精湛的制造工艺，消费者享受到前所未有的舒适与放松。在这样的睡眠环境中，消费者因为能够恢复体力与精力，所以由内而外地散发出独特的魅力与自信。

（三）品牌传播：创意活动，传递品牌理念

在品牌传播上，品牌方应始终秉持创新与扩大影响力的原则。通过一系列富有创意和影响力的活动，将品牌理念传递给广大消费者，让越来越多的人了解并喜爱这个品牌。

在品牌事件方面，品牌方可举办代言人亲笔签名床垫拍卖活动，吸引众多粉丝和消费者关注。还可举办全球招募睡眠体验员的活动，让潜在消费者有机会亲身体验产品的卓越品质，更深入地了解并喜爱上品牌和产品。

在品牌故事的讲述上，品牌方要匠心独运，故事情节不仅要展现产品的神奇效果，更要传递品牌对于消费者健康与美丽的深切关怀。这样的故事，不仅让消费者在情感上产生共鸣，更让他们对品牌产生深厚的信任与依赖。

（四）让品牌激发情感的联想：应特殊日期举办活动

为了深化品牌形象，品牌方可在特殊日期举办促销主题活动，更巧妙地融入品牌对消费者的深情关怀。

在活动中，品牌方要向消费者传达品牌对于长久陪伴与守护消费者的坚定承诺。让消费者在享受高品质睡眠的同时，也能感受到品牌所带来的温暖与关爱。这样的活动，不仅能加深消费者对品牌的情感认同，更让品牌成了消费者心中爱与关怀的象征。

第二节 整合营销传播——手机品牌悄然"逆袭"的营销秘诀

一、"精品战略"指引手机品牌成功"逆袭"

（一）打造精品——蓄势待发，引领国产手机新风尚

面对国产手机市场的低端竞争态势，唯有突破常规，方能脱颖而出。因此，只有踏上产品差异化的道路，致力于将科技与时尚、文化、艺术以及情感元素巧妙融合，全面提升产品的品位、价值以及消费者心中的认可度。通过坚定不移地实施"精品战略"，瞄准市场，力求在这一领域占据一席之地。

品牌建设的根基在于产品本身。产品作为消费者最直接的接触点，其品质与体验直接关乎品牌形象的塑造。因此，品牌方应将重心放在了打造精品手机上，投入研发资金，并依托自身在芯片研发、专利积累、海外渠道拓展以及产品品质把控等方面的深厚底蕴，为打造精品手机奠定坚实基础。只有用户真正认可产品，品牌才能深入人心，成为消费者心中的首选。

（二）组合出击——全面攻占市场，展现强劲实力

2012 年，对于品牌而言，是手机业务转型的关键一年。正如余承东所言，品牌"现在才算真正在终端领域发力"。这一年，品牌全系列精品产品结构日趋完善，不断为行业注入创新活力。从满足消费者需求到引领消费者需求，品牌的"精品战略"全面绽放，推出了四大系列手机产品，各自瞄准了不同的市场细分领域。

高端商务系列专为高收入水平的商务人士量身打造。不仅要彰显商务人士的身份与品位，更要在超长续航等核心功能上下足功夫，满足商务人士对于高效工作的严苛要求。兼顾高端与中端市场的系列产品则主要面向 25～30 岁的青年消费人群。这部分群体追求美观与时尚，因此在产品设计中要融入更多年轻元素，吸引他们的目光。针对中等收入的白领人士，要研发性能、时尚与价格优势并重的系列手机，旨在满足他们对于品质生活的追求。入门机型则定位广泛，覆盖那些收入较低的消费群体，让他们也能享受手机的卓越品质。

二、整合营销传播助力品牌手机成功"逆袭"

（一）水滴石穿——长期品牌形象的塑造与深耕

品牌与产品之间如同树根与树叶，相辅相成，互为依存。优质的产品如同肥沃的土壤，滋养着品牌之树的茁壮成长；而品牌之光的闪耀，又反哺产品，吸引更多消费者的目光。因此，在塑造长期品牌形象上，应采取多维度、深层次的整合营销传播策略，旨在构建消费者对品牌产品的全面且正面的认知。

品牌形象广告是手机的"名片"，通过精心策划的广告创意，将品牌的核心价值——创新、品质、可靠，以生动、形象的方式展现给消费者。这些广告不仅出现在传统媒体如电视、报纸上，更在网络平台、社交媒体上广泛传播，形成强大的品牌曝光度。

事件营销则是品牌的"催化剂"。从赞助国际体育赛事到举办科技论坛，从发布行业报告到参与公益活动，品牌方需要巧妙地借助各类事件，提升品牌的社会影响力，展现企业的社会责任感，加深消费者对品牌的认同感和好感度。

互动营销则是品牌的"黏合剂"。通过线上线下的互动活动，如产品体验会、用户故事征集、社交媒体互动等，品牌可与消费者建立紧密的联系。这些活动不仅让消费者亲身体验手机的卓越性能，更让消费者感受到品牌的温度和亲和力，从而增强品牌的忠诚度和美誉度。

在这一系列营销策略的推动下，品牌手机可以逐渐在消费者心中树立专业、高端、创新的品牌形象，进而成为智能手机领域的佼佼者。

（二）排兵布阵——上市准备阶段的精细规划与协同作战

手机的每一次新品发布，都是一场精心策划的"战役"。在这场"战役"中，营销部门如同指挥官，统筹全局，排兵布阵，确保每一步都精准无误。

整合营销部作为"战略大脑"，负责整体营销策略的制定和协调。他们根据市场趋势、消费者需求以及产品特性，制定出全面而富有创意的营销方案，为整个营销活动定下基调。

品牌创意部则是"创意源泉"，他们负责挖掘产品的独特价值主张，通过富有创意的文案和设计，将产品的亮点和魅力展现得淋漓尽致。他们的作品，往往能触动消费者的内心，激发其购买欲望。

品牌执行部则是"行动派"，他们根据品牌创意部的方案，制订出详细的执行计划，并负责具体实施。无论是线上推广还是线下活动，他们都能确保每一项工作都落到实处，取得实效。

数字媒体部则是"网络先锋"，他们负责运营品牌的社交媒体账号，通过发布有趣、有料的内容，吸引消费者的关注。他们擅长运用新媒体的力量，扩大品牌的影响力。

公共关系部则是"形象守护者"，他们负责撰写新闻稿、处理媒体关系，确保品牌形象在公众面前始终保持正面和积极。

市场沟通部则是"桥梁"，他们负责与渠道电商进行沟通合作，确保产品能够顺畅地到达消费者手中。

媒介部则是"传播大师"，他们负责媒体资源的整合与投放，确保营销信息能够准确、高效地传递给目标受众。

在这七个部门的协同作战下，每一次新品发布都能取得圆满成功，为品牌的长远发展奠定坚实基础。

（三）半遮半掩——预热阶段的巧妙布局

在产品预热阶段，品牌面临着如何将消费者关注度持续吸引并逐步提升的挑战，以确保在产品发布会时达到关注度的巅峰。面对这一难题，品牌传播部门深知，传统的产品推广广告在此阶段并不适用，因为过早地透露产品细节可能会削弱发布会的震撼效果。因此，他们决定采用更为巧妙和有创意的营销策略。

品牌可以选择口碑营销作为突破口，通过在小范围内邀请行业专家、意见领袖提前体验产品，并鼓励他们分享自己的使用感受，引发消费者的好奇心和期待。同时，还可以利用社交媒体平台，发起一系列互动式营销活动，如悬念问答、猜谜游戏等，让消费者在参与中逐渐对即将发布的新产品产生浓厚兴趣。这些活动不仅能增加消费者的参与度，还巧妙地透露了产品的一些亮点特性，使得消费者对品牌手机的期待值不断攀升。

此外，品牌还可以通过与知名品牌、艺术家或文化事件的跨界合作，为产品预热增添更多关注度。这些合作不仅可以提升手机的品牌形象，还让消费者在享受文化盛宴的同时，对手机产生更深的情感联结。

（四）众星拱月——发布阶段的精心策划

到了产品发布阶段，手机已经成功吸引了大量消费者的关注。此时，品牌方的主要任务是继续聚拢人气，并通过精心策划的发布会，将消费者对产品的期待转化为强烈的购买欲望。

在发布会上，品牌方不仅要公开产品的形象设计、性能参数和售价等关键信息，还要通过现场演示、嘉宾分享等方式，生动展现产品的独特魅力和价值主张。为了营造"饥饿"氛围，还可采取限量预售、限时抢购等策略，进一步激发消费者的占有欲和购买冲动。

同时，传播部门也要充分利用广告、口碑营销和公关等多种手段，进行全方位的营销传播。可以通过电视、网络、户外广告等多种渠道，将产品的核心卖点和创新点传递给更广泛的受众。同时，积极回应消费者的疑问和反馈，通过优质的客户服务提升品牌形象和口碑。

在整合营销的思路下，还要实现企业端与渠道端的紧密协作。运营商、渠道商等合作伙伴纷纷给予品牌方强有力的支持，如提供最低的资费套餐、最优先的推荐位置等，共同为手机的销售造势。

（五）厚积薄发——开售阶段的全面发力

进入产品销售阶段，品牌方的主要任务是继续激发消费者的购买欲望，并将其转化为实际的购买行为。为此，营销部门应制定一系列促销策略，如限时折扣、礼品赠送、积分兑换等，以吸引更多消费者下单购买。

同时，还要加强与渠道的合作，通过线下门店的促销活动、线上电商平台的优惠活动等方式，共同推动产品的销售。此外，还要注重品牌形象的塑造和提升，通过优质的产品和服务赢得消费者的信任和好评，进而提升整个品牌的价值和影响力。

在整合营销的整体思路和各方面资源的鼎力支持下，品牌方可以成功实现从预热到发布再到销售的全面发力。不仅产品销量节节攀升，还能赢得消费者的广泛好评和业界的认可。这一系列的成功举措不仅可彰显品牌的营销智慧和创新精神，也可为其他品牌提供宝贵的借鉴和启示。

第三节　企业创新——某染坊实践案例

一、相关理论

（一）精益一体化战略

1. 精益研发：创新驱动，质量为先

精益研发，作为精益一体化战略的核心组成部分，其核心理念在于以精益

为目标，通过一系列高效、灵活的研发方法，实现产品质量的跨越式提升。这一过程中，精准定位目标群体是首要任务，企业需深入市场，了解消费者需求，确保研发方向与市场趋势紧密相连。同时，根据市场变动灵活反应，及时调整研发策略，确保产品始终保持在行业前沿。

在精益研发中，对人才的深度培养至关重要。企业需建立一支具备高度专业素养和创新能力的研发团队，通过持续培训、激励机制等，激发团队成员的潜能，为产品研发提供源源不断的智力支持。此外，积极跟踪潮流热点，结合新技术、新材料的应用，进行产品创新，也是精益研发不可或缺的一环。

精益研发技术的运用，使得产品的功能和性能指标等各种质量数据得以系统整合，设计师能够全面、动态地掌握各分系统及零部件的设计对整体功能和性能指标的影响，确保产品质量及可靠性的系统保障。这种质的飞跃和效率的提升，不仅增强了产品的市场竞争力，也为企业赢得了更多的市场份额。

2. 精益制造：优化流程，提升效率

精益制造，作为精益一体化战略的关键环节，旨在通过及时响应、约束理论、精益生产及敏捷制造等理念，实现生产过程的优化和生产效率的提升。在这一过程中，企业须专注于客户的增值项目，确保生产出的产品能够满足客户的实际需求，同时减少生产过程中的废弃物，提高资源利用率。

精益制造强调员工的参与和持续改进。鼓励员工在生产过程中提出改进意见，不仅能够激发员工的积极性和创造力，还能够及时发现并解决生产过程中的问题，提高生产效率。此外，形成一套完备的精准一体化生产链是精益制造的前提。通过技术革新，减少不合格产品的返工现象，提高劳动利用率，进一步简化生产流程。最终，与 JIT 生产方式融合，实现生产过程的精益化，确保产品能够按照客户要求的时间、数量、质量和状态准时交付。

3. 精益营销：精准定位，深耕市场

精益营销，作为精益一体化战略的终端环节，其核心在于以占有有效市场为目标，通过细分市场、聚焦、速度等策略，建立根据地市场和战略性区域市场。这要求企业具备高度的营销战略管理能力，能够对战略性市场进行有效规划，并依据规划合理配置和安排营销资源。

在精益营销中，细分市场是首要步骤。企业需根据产品特性、消费者需求等因素，将市场划分为不同的细分市场，并针对每个市场制定相应的营销策略。同时，聚焦战略也是精益营销的重要一环。企业应集中资源，重点攻克具有战略意义的区域市场，形成局部优势，再逐步扩大市场份额。

此外，速度也是精益营销的关键要素。在竞争激烈的市场环境中，企业需快速响应市场变化，及时调整营销策略，确保产品能够迅速占领市场。同时，通过精耕细作战略性区域市场，提高客户满意度和忠诚度，为企业赢得更多的口碑和市场份额。最终，精益营销将助力企业在激烈的市场竞争中脱颖而出，实现可持续发展。

（二）供应链一体化：深度整合与协同的制胜之道

供应链一体化，作为一种先进的管理模式，其核心在于通过前馈的信息流与反馈的物流及信息流的紧密融合，将供应链上的各个节点——供应商、制造商、分销商、零售商直至终端顾客，紧密地连接成一个协同运作的整体。这种"横向一体化"的集成管理战略，不仅要求核心企业发挥引领作用，还强调与供应商、销售商及终端顾客建立稳固的战略联盟关系，共同应对市场挑战。

在供应链一体化的构成要素中，核心企业、供应商伙伴关系与顾客关系构成了其三大核心支柱。核心企业作为供应链的领头羊，须具备强大的资源整合与协调能力，以确保供应链的高效运行。供应商伙伴关系则基于双赢的理念，通过深度合作实现资源共享、成本降低与效率提升。而顾客关系的管理，则聚焦于提升顾客价值，通过精准满足顾客需求来增强顾客忠诚度与品牌影响力。

供应链一体化的基础，在于构建稳固的伙伴关系和深入的顾客关系管理。与供应商建立长期稳定的合作关系，可以带来多重优势：产品价值的提升、营销进程的优化、运作管理的强化、资本成本的降低以及顾客价值的显著提高。同时，顾客价值的最大化是企业持续发展的内在动力，也是供应链不断优化的重要驱动力。企业须密切关注顾客需求的变化，灵活调整供应链策略，以确保顾客满意度的持续提升。

供应链一体化的核心，在于围绕企业的核心竞争力进行构建。企业的核心竞争力，如价值优性、异质性、不可仿制性、不可交易性和难以替代性等，是其在激烈的市场竞争中立于不败之地的关键。在供应链一体化的框架下，企业应聚焦于核心业务的打造，通过与其他企业的紧密协作，共同构建具有竞争力的价值链。对于非核心业务，则可通过供应链的高效配置来快速响应市场需求，从而赢得市场先机。

二、案例分析：某染坊的供应链一体化实践

（一）传统与现代的完美融合

某染坊作为扎染技艺的传承者与创新者，以其独特的手工染色技术和丰富的文化底蕴，在市场中独树一帜。公司不仅拥有专业的扎染团队和先进的扎染技术，还建立了专门的染料种植基地，采用板蓝根等中药配制染料，确保了产品的天然与健康。同时，还通过线上线下多种销售渠道，将产品推向更广阔的市场。

在供应链一体化方面，该染坊同样展现出卓越的管理能力。公司采用现代的信息化经营管理模式，实现了从染料提取、扎染、裁剪、缝纫到刺绣全套工艺的展示与体验。这种全链条的管理方式，不仅提高了生产效率，还确保了产品质量的可控与稳定。

该染坊的产品，以植物的叶、茎、花、果、根等材料为主要原料，秉承为消费者提供健康安全产品的理念。同时，还致力于乡村现代化发展，通过扎染技艺的传承与创新，为乡村振兴贡献了自己的力量。

值得一提的是，该染坊项目成功将传统技艺与现代潮流相融合，不仅提升了自身的文化软实力，还增强了扎染文化的融合力与吸引力。以"助推乡村振兴可持续发展"为使命，围绕非遗产业化这一主线，融合了非遗与生态农业、乡村旅游、乡土文化、传统教育、健康养生等多种业态，为乡村文旅融合发展提供了切实可行的解决方案和配套服务。

随着国家对非遗文化的保护与支持政策的不断完善以及人们对非遗文化传承的热情日益高涨，该染坊项目迎来了前所未有的发展机遇。其天然健康的产品和深厚的文化底蕴，不仅迎合了现代人追求健康、向往自然的愿望，还满足了人们对传统扎染文化不断了解、吸收与发展的文化购买意识需求。对于热衷中华优秀传统文化的中外消费者来说，该染坊无疑具有极大的吸引力。

同时，该染坊的成立与发展，也是对当地特色文化的弘扬与发展。公司秉持"传统的高贵感，舒适的体验感，健康的责任感"三大原则，研发了床上四件套、茶席、抱枕、书皮、扇子、香包等现代生活中的家饰产品。这些产品不仅具有传统扎染技艺的独特魅力，还融入了现代设计元素，使传统与现代在该染坊的产品中得到了完美的融合。该染坊将以"舒适""健康"为代名词的日常用品送入人们的视野，与扎染技巧一起，为现代人带来了健康、传统又不失高贵的生活体验。

（二）在精益一体化模式下的经营改善活动

1. 基于精益一体化的研发

（1）把握群体，精准定位

市场细分是市场营销战略中的核心环节，它要求企业深入理解并识别不同消费者群体的独特需求和偏好。该染坊在这一环节上做得尤为细致。首先，他们通过详尽的市场调研，明确了不同年龄层消费者的产品需求差异：老年群体倾向于购买实用性与传统美学结合的床品、香囊等，这些产品不仅满足了他们对生活品质的追求，也蕴含了对传统文化的情感寄托；而青少年群体则更加偏爱个性化、艺术化的产品，如定制汉服、手绘笔记本等，这些产品能够彰显他们的个性与审美偏好。此外，该染坊还敏锐地捕捉到个人消费者与企业客户在商品需求上的显著差异，前者侧重于自用或收藏的艺术价值，后者则更注重产品的商业价值和宣传效果。

在目标市场的选择上，该染坊采取了灵活多样的策略。对于青少年群体和出口市场，他们充分利用网络平台，通过精美的图片展示、视频介绍以及个性化的定制服务，吸引年轻消费者和海外客户的注意。针对老年群体，他们则强化了线下体验，如在传统市场、文化节等场合设立展位，让老年消费者能够亲手触摸、感受扎染的魅力，从而激发购买欲望。对于企业客户，该染坊则通过建立长期合作关系，提供稳定的产品供应和定制化的解决方案，满足企业的特定需求。

市场定位方面，该染坊更是匠心独运。他们明确地将产品定位于中高端市场，特别是在个人客户和出口业务上，强调产品的艺术价值、养生功能和手工制作的独特性。与此同时，他们也没有忽视低端市场的需求，通过生产手帕、小饰品等性价比较高的产品，满足更广泛消费者的需求。这种差异化的市场定位策略，使得该染坊在激烈的市场竞争中脱颖而出，避免了与化学印染产品市场的直接竞争。

（2）针对市场，快速反应

在瞬息万变的市场环境中，企业的应变能力至关重要。该染坊在产品和价格两个方面都展现出了极高的灵活性。产品方面，他们不仅根据市场需求快速调整产品线，还不断创新，推出符合潮流趋势的新产品。例如，当市场上出现对环保、可持续产品的高需求时，该染坊迅速响应，推出了使用天然染料、环保材料的扎染产品，赢得了消费者的广泛好评。

价格策略上，该染坊更是精打细算，灵活多变。他们深知不同产品、不同消费者群体对价格变动的敏感度不同，因此采取了差异化的定价策略。对于价值高、购买频率低的产品，他们通过捆绑销售、限时折扣等方式，降低消费者的购买门槛，刺激消费。而对于价值低、购买频率高的产品，他们则更注重品质和服务，即使价格略高，也能因为良好的口碑和品牌形象，吸引消费者持续购买。

在面对同质产品市场的价格竞争时，该染坊也展现出了成熟的应对策略。他们深知，在价格战中盲目跟风只会损害品牌形象和利润空间。因此，他们更注重提升产品的附加值，如加强售后服务、提供定制化服务等，以差异化的竞争优势抵御价格竞争的压力。而在异质产品市场，他们则更加自信地坚持自己的定价策略，因为消费者在选择这类产品时，更看重的是品质、服务和独特性，而非单纯的价格因素。这种灵活而坚定的价格策略，使得该染坊在激烈的市场竞争中始终保持着稳健的发展态势。

（3）精准掌控热点，紧密跟随潮流步伐

在瞬息万变的市场环境中，精准捕捉市场机遇并紧跟时代潮流，是企业持续发展壮大的核心要素。随着复古风潮的兴起，该染坊敏锐地捕捉到了这一市场趋势，适时推出了民国长衫、口金包等一系列复古风格产品。这些产品在设计上既保留了传统元素，又融入了现代审美，实现了传统与现代的完美融合。通过精益化的产品创新，该染坊不仅满足了消费者对个性化、差异化产品的需求，更在激烈的市场竞争中脱颖而出，为企业带来了显著的经济效益和品牌影响力的提升。

（4）强化人才培养，助力研发创新

在激烈的市场竞争中，人才已成为企业最宝贵的资源。所谓人才，并非单纯指拥有高学历或专业技能的个体，而是那些能够适应企业发展需求，推动企业持续进步的人。这既包括技术人才，也涵盖销售、管理以及一线操作岗位上的佼佼者，更包括那些能够引领行业发展的学科带头人和行业领军人物。然而，这样的人才往往稀缺且难以直接获得，因此，企业更应注重自身人才的培养与储备。

相较于外部招聘，企业内部培养的人才具有更高的忠诚度和更强的适应性。在当前产能过剩、新项目层出不穷的背景下，设备投资虽易，但人才的培养却非一朝一夕之功。因此，企业应树立"两条生产线并行"的理念，即在注重产品生产的同时，也要加强人才生产线的建设。通过构建完善的人才培养体系，营造尊重劳动、尊重知识、尊重人才、尊重创造的浓厚氛围，激发员工的潜能和创造力，形成人才辈出、人尽其才、才尽其用的良好局面。

在具体实践中，该染坊采取了多种措施强化人才培养。首先，与高校建立深度合作，共建乡创学院和人才培养基地，通过定向培养方式，为文创与扎染领域输送具备全面素质和高道德水准的专业人才。其次，开设线下扎染体验课程，吸引并选拔对扎染艺术有浓厚兴趣且具备勤奋好学品质的人才，通过定向培养，扩大产品制作规模，实现量化生产。同时，该染坊还建立了完善的激励招聘机制，既注重外部招聘，吸引新鲜血液和创新思维，又重视内部提拔，为有能力、能实干的员工提供晋升机会，激发员工的工作积极性和创新能力。这种内外结合的人才招聘与培养方式，不仅确保了企业核心人才队伍的稳定性，也为企业的长远发展奠定了坚实的人才基础。

（5）精益研发，创新产品

产品创新是推动企业持续发展的重要引擎，它不仅能够满足消费者日益多样化的需求，还能为企业开辟新的市场空间。产品创新大致可分为全新产品创新和改进产品创新两大类。全新产品创新，顾名思义，是指产品用途及其工作原理发生了显著变化，这种创新往往伴随着技术上的重大突破或市场需求的根本性转变。而改进产品创新则是在保持产品基本技术原理不变的基础上，对现有产品进行的功能扩展和技术改进，旨在提升产品的性能、降低成本或增强用户体验。

该染坊在产品创新方面，始终坚持以市场需求为导向，将传统工艺与现代潮流紧密结合。他们深知，产品创新并非凭空而来，而是深深植根于市场对企业的产品和技术的需求之中。因此，该染坊在明确产品技术研究方向的基础上，通过深入的市场调研和消费者洞察，不断挖掘消费者的潜在需求，进而通过技术创新活动，创造出既融合传统工艺精髓又满足现代审美和实用需求的产品。

在创新过程中，该染坊注重技术推进与需求拉引的双重作用。在技术推进方面，他们不断引进和研发新的染织技术，提升产品的品质和独特性；在需求拉引方面，他们则紧密关注市场动态，及时调整产品策略，以满足消费者日益多样化的需求。这种技术与需求的良性互动，使得该染坊的产品创新始终保持着旺盛的生命力。

此外，该染坊还充分利用扎染独特的制造工艺，打造独一无二的扎染体验。每一件产品都承载着匠人的心血和创意，让消费者在享受产品的同时，也能感受到传统文化的魅力和现代创新的活力。

2. 基于精益一体化的制造

（1）精益制作链

一体化经营是现代企业提升竞争力的重要手段之一。该染坊在扎染产品的制作过程中，实现了从原材料种植到成品包装的高度一体化，这种纵向一体化的经营模式不仅保证了产品质量的可控性，还大大提高了生产效率。在发展过程中，该染坊不断精简增益，优化制作链的每一个环节，确保整个生产流程的高效运行。

（2）原材料种植

原材料是产品质量的基石。该染坊深知这一点，因此他们拥有自己的种植基地和专业的种植技术团队。他们雇请当地精通种植技术的村民进行原材料的种植，通过科学的种植方法和严格的管理，培育出优质、高产的原材料。这种自制原材料的策略不仅降低了原材料成本，还避免了中间商环节可能带来的质量风险，为产品的后续制作奠定了坚实的基础。

（3）染料制作

染料是扎染产品的灵魂。该染坊在染料制作上同样下足了功夫。他们将自产的天然植物作为原料，通过采摘、晾晒、研磨等工序，提炼出纯净、无毒的染料。这种染料不仅色彩鲜艳、持久，而且绿色环保，对人体健康无害。在染料制作过程中，该染坊还注重环保和可持续发展，尽量减少污染物的产生，保护生态环境。这种绿色、环保的染料制作方式，不仅提升了产品的品质，也彰显了该染坊对社会责任的担当。

（4）精细成品制作，传承与创新并举

扎染技艺的精湛程度，直接关系到成品的品质与美感。该染坊深知这一点，因此特别聘请了当地扎染传承人和当地布衣传承人作为技术指导，他们凭借深厚的技艺底蕴和丰富的实践经验，为染坊的产品制作提供了强有力的技术支撑。同时，染坊还邀请了从事服装工艺制作三十余年的资深老师傅亲自操刀，确保每一件产品都能达到制作流畅、工艺精美的高标准。在传承古法扎染技艺的基础上，该染坊不断创新，将传统工艺与现代审美相结合，打造出既符合现代人口味又不失文化底蕴的扎染产品，赢得了市场的广泛好评。

（5）深化生产流程改革，追求高效量产

面对日益激烈的市场竞争，该染坊深刻认识到改进生产流程、实现量产的重要性。古技法扎染虽然独具魅力，但其生产流程的烦琐与复杂却成为制约其快速发展的瓶颈。为此，染坊积极寻求生产流程的改革与创新，通过引入现代化管理理念和技术手段，优化生产流程，提高生产效率。同时，染坊还注重与行业内其他企业的交流与合作，借鉴其成功经验，不断探索适合自身发展的量产化道路。

（6）技术革新引领产业升级

在产量提升的同时，该染坊也深知技术更新的重要性。他们紧跟时代步伐，充分利用现代科技的力量，对传统扎染技艺进行改良和创新。通过引入先进的生产设备和工艺技术，染坊不仅提高了生产效率，还降低了生产成本，使得扎染产品更加亲民、更具市场竞争力。同时，染坊还注重技术研发与创新，不断推出新的扎染技艺和产品设计，以满足市场多样化的需求。

（7）全面提升劳动利用率，打造高效团队

提高劳动利用率是该染坊持续发展的重要保障。染坊从直接劳动和间接劳动两个方面入手，全面提升劳动效率。在直接劳动方面，染坊通过交叉培训的方式，提高工人的技能水平和适应能力，使他们能够胜任多个岗位的工作，从而有效应对生产过程中的各种异常情况。在间接劳动方面，染坊则注重消除价值链中的非增值环节，如库存、检验、返工等，通过优化生产流程和管理方式，降低间接成本，提高整体劳动利用率。

为了实现这一目标，染坊不仅开设了定期的扎染工艺流程课程，提升现有员工对于工作的熟悉程度，还积极引进和培养复合型交叉人才，为企业的长远发展储备力量。通过这些措施，该染坊成功打造了一支高效、灵活的团队，为企业的快速发展提供了有力的人才保障。

（8）持续简化生产流程，提升生产效率

针对扎染生产周期较长、生产程序繁杂冗余的问题，该染坊采取了删除冗余程序、合并相似程序的策略。在现代技术的支持下，染坊对传统扎染产品工艺流程进行了深入剖析和优化，去除了不必要的环节，合并了相似的步骤。同时，染坊还积极引入先进的生产设备和工艺技术，使得生产流程更加精简、高效。

特别值得一提的是，染坊在染料制作和布匹生产方面也进行了大胆的创新。他们不再将染料制作作为生产环节的一部分，而是选择将原料提供给专业的代加工企业，从而大大缩短了生产周期。同时，染坊还注重机械工艺与人力手工的结合，在保证产品艺术性的前提下，通过机械化生产提高生产效率，降低人力成本。这些策略的实施，不仅提高了该染坊的生产效率，还为其在激烈的市场竞争中赢得了更多的优势。

3. 基于精益一体化的营销

运用 JIT 思想和方法，优化销售过程，建立快速响应精益销售模式，是该染坊在市场竞争中脱颖而出的关键。JIT 强调在正确的时间、以正确的数量提供正确的产品或服务，这一理念同样适用于销售过程，旨在第一时间挖掘客户需求、明确购买意向、签单交付回款，并持续改善客户体验，以获取客户的最高满意度。

（1）精进渠道策略

①微信营销、深度激发客群潜力

该染坊充分利用微信的即时通信优势，不仅通过微信公众号定期发布热门活动、好友动态等丰富内容，增强用户黏性，还巧妙设计互动环节，如投票、问答等，激发用户的参与热情。同时，利用微信的社交属性，推出"邀请好友赢优惠"活动，鼓励用户把活动分享给亲朋好友，形成口碑传播效应。此外，通过用户授权，向用户通讯录中的好友发送个性化邀请，既尊重了用户隐私，又有效扩大了潜在客群。

②在线广告、创新活动引流

该染坊精心策划在线广告，利用高流量网站、知名视频网站以及手机应用等多渠道投放，确保广告覆盖广泛且精准。同时，与国内知名门户网站合作，通过首页推荐、专题报道等形式，提升品牌知名度。在广告内容上，注重创意与趣味性，如制作系列微电影、动画短片，讲述该染坊的故事，传递品牌价值观。此外，举办线上主题活动，如"扎染艺术大赛""传统文化知识问答"等，吸引用户参与，增加用户黏性，同时设置奖励机制，促进用户转化。

③合作链接、简化流程提升体验

该染坊积极寻求与其他网站的友情链接合作，实现资源共享，扩大品牌影响力。同时，与主流社交平台合作，实现账号互通，用户无须重新注册即可登录，大大降低了使用门槛。利用用户原有社交圈进行推荐营销，通过好友关系链传播品牌信息，增加品牌曝光度。此外，不断优化网站界面和购物流程，确保用户能够快速找到所需产品，轻松完成购买。

④合作联盟、深化线下布局

该染坊精心挑选线下合作商，特别是那些与扎染文化相契合的场所，如民宿、文艺馆、古风爱好者聚集地等。通过在这些场所放置宣传册、海报以及提供特殊注册码和代金券，吸引目标客户群体。同时，与合作商共同举办线下活动，如扎染工作坊、文化讲座等，增加品牌与消费者的互动，提升品牌认知度和好感度。

⑤线下活动、强化品牌体验

该染坊定期举办线下扎染主题活动，不仅展示品牌产品，还传授扎染技艺，让消费者亲身体验扎染的魅力。活动现场布置精美，氛围浓厚，同时配合线上直播和宣传，扩大活动影响力。通过线下活动，该染坊不仅销售了产品，更传播了品牌文化，增强了消费者对品牌的认同感和忠诚度。

⑥媒体广告、塑造品牌形象

该染坊在电视、广播、户外广告牌、公共交通等媒介上投放广告，覆盖广泛人群。广告内容注重品牌故事的讲述，强调"手工打造、天然无害"的品牌理念以及扎染文化的独特魅力。同时，利用报纸杂志等刊登静态广告，以精美的设计和简洁醒目的文案吸引读者注意。视频广告则通过生动的画面和感人的故事，激发消费者的情感共鸣，促使他们主动成为该染坊的消费者。

通过这一系列精进渠道策略的实施，该染坊不仅有效提升了品牌知名度和市场份额，还建立了快速响应的精益销售模式，实现了客户需求的第一时间挖掘和满足，赢得了客户的最高满意度。

（2）精准推广策略：多维度发力，深化品牌影响力

该染坊在推广策略上力求精练且高效，致力于构建厂商、销售及消费者之间的顺畅沟通桥梁，以敏锐洞察并满足顾客和消费者日益变化的需求为核心。其促销手段不仅是对消费行为的积极引导与刺激，更为消费者提供了便捷、贴心的购物体验。

①深化事件推广，挖掘文化底蕴

在事件推广方面，该染坊展现出高超的策划与执行力。通过与当地非物质文化遗产组织及文化研讨会的紧密合作，更多人了解扎染的独特魅力——采用纯天然植物染料，坚持纯手工制作，更深刻传达了其对消费者健康与安全的深切关怀。通过组织参观交流、研学体验等活动，该染坊成功地将扎染文化的深厚底蕴与质朴、纯净、舒适的消费体验相结合，树立了良好的企业与品牌形象。这些活动不仅提升了品牌知名度，还在消费者心中留下了深刻的正面印象，为后续的推广活动奠定了坚实的潜在顾客基础。

②强化体验推广，建立信任纽带

体验推广是该染坊另一大亮点。通过不定期地举办线下扎染体验活动，邀请顾客亲自参与扎染工艺品的制作，不仅让顾客深刻感受到扎染的丰富文化底蕴，更亲眼见证了产品从选材到成品的全过程，特别是其使用的纯天然、无污染植物染料及手工制造的匠心独运。这种亲身体验极大地增强了顾客对该染坊的信任感，为建立长期稳定的合作关系奠定了坚实基础。

③创新直播推广，提升品牌知名度

在网络直播风靡的今天，该染坊紧跟时代潮流，开通了直播账号。通过直播形式，生动展示该特色扎染香囊的制作工艺，吸引了大量手作爱好者的关注与喜爱。同时，结合传统节日元素进行创意宣传，进一步提升了品牌的文化内涵与民族特色。此外，该染坊还积极参与各类助企活动，以代言人身份进行现场直播，不仅加强了顾客信任度，更显著提升了品牌知名度，塑造了优秀的企业社会责任形象，让顾客在安心、放心的消费体验中对企业产生深厚好感。

④聚焦校园推广，培育年轻市场

鉴于国家对学生群体传统文化教育的重视，该染坊敏锐地将广大在校学生定位为主要目标客户群。通过与各高校公益、志愿团体的紧密合作，举办形式多样的校园推广活动。利用微博、微信公众号、校园新闻、广播、设点宣传等多种渠道，全方位、多角度地展示扎染的魅力与特色。在扩大用户注册量、提升品牌影响力的同时，还积极推广产品服务、传播公益思想，让高校学生成为企业公益活动的主力军与传承者。这一策略不仅增强了品牌的亲和力与影响力，更为该染坊在年轻人市场中赢得了广泛的认可与喜爱。

三、管理启示

（一）政策响应、文化传承与弘扬

该染坊作为一家深植于中国传统文化土壤的企业，其经营模式紧密响应国家关于推动文化输出与非遗保护的政策导向。企业不仅将中国传统文化作为产品设计的灵感源泉，更将其视为企业发展的核心驱动力。通过售卖蕴含深厚文化底蕴的产品，该染坊不仅实现了经济效益的提升，更重要的是，它以一种生动而具体的方式，扩大了传统文化在社会中的影响力，构建起了一条从文化传承到文化消费的完整产业链。

在这一过程中，该染坊不仅致力于让更多人知晓传统文化，更通过对产品的精美设计和文化内涵的深入挖掘，引导人们从了解走向支持，甚至成为传统文化的传播者和守护者。企业积极参与各类文化展览、非遗保护项目并与教育机构合作，通过多种形式让传统文化走进校园、走进社区，让年轻一代在亲身体验中感受到中国传统文化的独特魅力和深厚底蕴。

值得一提的是，该染坊的企业模式并非一成不变，而是根据当地的文化环境、市场需求以及政策导向进行不断的调整与优化。这种灵活性与创新性，使得企业能够在传承与发扬传统文化的同时，保持与时代的同步发展，实现了文化传承与商业成功的双赢。

（二）高效优化、传统技艺与现代创新的融合

在当地，该染坊的古技法扎染产品以其独特的艺术魅力和精湛的工艺水平，成了市场上的佼佼者。然而，面对工业染料制品的激烈竞争，该染坊并未选择盲目跟风，而是采取了差异化的市场策略。

工业染料制品虽然具有产量大、目标群体广、市场调整灵活等优势，但在

个性化和文化内涵方面却难以与手工扎染相媲美。该染坊深知这一点，因此，在保持传统扎染技艺的基础上，企业加大了对中高端市场的投入，特别是那些化学扎染难以触及的领域。

为了提升产品的艺术性和新颖性，该染坊邀请了扎染领域的专家进行设计与创新，将中国传统元素与现代审美趋势巧妙结合，打造出了一系列独一无二且蕴含深厚文化意义的扎染作品。这些作品不仅包括了原汁原味的汉服定制，还有融合了现代艺术元素的扎染画作，每一件都堪称艺术品，让人眼前一亮。

在资源配置上，该染坊也体现出了高效优化的特点。企业在不放弃低端市场的前提下，通过加大对中高端产品的经济与人力投入，实现了产品线的多元化和市场的全覆盖。这种扬长避短的策略，不仅充分发挥了企业在传统技艺和文化内涵方面的优势，也为产品进入更广阔的市场提供了明确的方向和有力的支撑。

（三）养生宣传深入人心，平台推广全面覆盖

该染坊深知其产品的独特魅力不仅在于精美独特的设计，更在于其背后所蕴含的养生健康理念。因此，企业将这一理念作为核心卖点进行大力宣传，旨在让消费者在享受产品美观耐用的同时，也能感受到其带来的养生健康益处。

在宣传方式上，该染坊紧跟时代潮流，不断创新与变革。从最初的广告区域宣传，到如今线上线下相结合的全方位推广，企业紧抓每一个热点，如抖音直播等新媒体平台，将原本生硬的广告输出转变为更加自然、潜移默化的信息传递。这种转变不仅让消费者在轻松愉快的氛围中接受产品信息，更在无形中增强了消费者对该扎染产品的认知与好感，从而有效扩大了潜在客户群体。

同时，该染坊还根据时代的变化，灵活调整不同宣传方式的投入比例，确保宣传效果的最大化。无论是线上社交媒体的精准投放，还是线下活动的精心策划，该染坊都力求在每一个细节上做到尽善尽美，让养生健康的理念深入人心，成为消费者选择产品时的重要考量因素。

（四）生态建设助力扶贫，文化振兴共谋发展

1. 打造独特企业文化，凝聚员工向心力

面对古技法扎染这一微利行业，该染坊深知员工是企业最宝贵的财富。为了激发员工的工作热情与积极性，企业不遗余力地打造独特的企业文化。从办公区域、企业地点到文园布景，每一处都充满了扎染的元素，让员工在工作的同时也能感受到文化的熏陶。同时，企业注重招收对扎染有兴趣的员工，并结

合当地扎染文化背景，确保员工与扎染的紧密黏性，有效避免了岗位空缺与离职等问题。

通过打造良好的文化氛围，该染坊将工作与文化的输出紧密结合，让热爱成为工作的驱动力与产品理念。这种文化氛围的营造，不仅提升了员工的归属感与忠诚度，更为企业的长远发展奠定了坚实的基础。

2. 创建学习教育机构，传承扎染文化

该染坊深知，作为扎染文化的传承者，自己有责任将这份宝贵的文化遗产发扬光大。因此，企业与教育机构和学校达成合作，开设扎染课程与参观体验活动，旨在让青少年了解并爱上扎染文化。通过这些活动，该染坊不仅弘扬了传统文化，更在青少年心中种下了扎染文化的种子，为企业的形象建立与文化传播打下了坚实的基础。

3. 建设生态文化圈，助力乡村振兴

该染坊的发展离不开国家政策的支持与社会的关注。随着国潮热的兴起与国家对非遗产业的扶持，该染坊迎来了前所未有的发展机遇。为了维持人们的热情并推动产业的持续发展，企业不断创新与探索，致力于打造以扎染为主要方向的生态文化圈。

结合当地实际情况，该染坊建设了扎染文化园区、婺文化园区、原料种植园区等，形成了多维发展的产业格局。这种融合不仅提升了扎染文化的价值感与新鲜感，更为当地的经济社会发展注入了新的活力。同时，企业与当地村庄紧密合作，利用村庄的扎染传统与原料种植优势，推动乡村振兴进程。通过雇用当地农民进行种植与生产，该染坊不仅解决了原料来源问题，更为农民提供了就业机会与增收渠道，实现了企业与乡村的双赢。

第八章

工商管理的未来发展与展望

第一节　企业工商管理的未来发展方向

一、企业工商管理的现实意义

（一）全面提升经济效益与社会效益

企业工商管理作为现代企业管理的重要组成部分，其核心在于通过精细化的管理流程优化，实现生产效率的显著提升与产品质量的严格把控。在这一过程中，企业不仅能够有效降低运营成本，减少不必要的资源浪费，还能够通过提升产品附加值，进而在激烈的市场竞争中占据成本优势，从而提高整体的经济效益。同时，企业工商管理还着眼于长远发展，通过全面规划企业的经营战略与资源配置，确保企业能够紧跟市场趋势，精准捕捉客户需求，制定出既符合市场实际又富有前瞻性的销售策略。这一系列举措不仅能够有效提升销售额，扩大市场份额，更能够为企业带来持续的盈利增长。

在追求经济效益的同时，企业工商管理同样重视社会责任的履行与社会效益的提升。面对日益严峻的环境保护挑战和安全生产要求，企业工商管理通过建立健全的环保与安全管理体系，确保企业在生产经营活动中严格遵守相关法律法规，有效预防环境污染和安全事故的发生，从而切实保障员工及社会公众的权益与健康安全。此外，企业工商管理还积极倡导并推动企业参与公益慈善活动，通过实际行动回馈社会，提升企业的社会形象与声誉，为企业的可持续发展奠定坚实的社会基础。

（二）多维度提升企业核心竞争力

在市场竞争日益激烈的当下，企业工商管理在提升企业核心竞争力方面发挥着至关重要的作用。一方面，通过深入的市场调研与科学的分析预测，企业能够准确把握市场动态，了解消费者需求的变化趋势，从而及时调整产品结构和市场策略，确保企业产品与服务始终与市场需求保持高度契合。这种基于市场需求的快速响应能力，是企业能够在竞争中脱颖而出的关键所在。

另一方面，企业工商管理还注重人才管理与创新能力的培养。在经济全球化与科技进步的双重推动下，企业之间的竞争已逐渐演变为技术与人才的竞争。因此，企业工商管理通过构建完善的人才培训体系与激励机制，吸引并留住高素质人才，激发他们的创新潜能，为企业的技术创新与产品升级提供源源不断的动力。同时，企业工商管理还鼓励跨部门、跨领域的合作与交流，促进知识与技能的共享与融合，进一步提升企业的整体创新能力与核心竞争力。通过这些综合措施的实施，企业不仅能够在激烈的市场竞争中立于不败之地，还能够不断开拓新的市场空间，实现持续稳健的发展。

二、企业工商管理未来发展方向解析

（一）重视与行业发展协同，共谋未来新篇章

在经济全球化的大背景下，市场竞争愈发激烈，企业工商管理的未来发展必须紧密围绕与行业发展的协同。为了在这一进程中占据有利地位，企业应从多个维度入手，深化与行业发展的融合。

首先，加强行业研究和竞争分析是企业不可或缺的一环。企业应深入剖析自身在行业中的定位，明确优势与劣势，同时紧密跟踪市场动态，洞悉行业发展趋势。通过深入了解行业内其他企业的发展动态，企业可以更加精准地把握竞争格局，发现潜在的市场机会，从而制定出更具针对性的发展战略。

其次，积极参与行业协会和联盟活动，对于推动行业协同发展具有重要意义。企业应充分利用协会和联盟的平台资源，与其他企业共同应对行业面临的挑战，分享成功经验，促进技术交流与合作。通过协会和联盟的力量，企业可以更加有效地解决行业发展中的共性问题，推动整个行业的健康、有序发展。

再次，建立开放式的创新体系也是企业提升竞争力的重要途径。企业应积极寻求与行业内外其他企业、研究机构、高校等的合作机会，共同开展技术研发与创新。通过跨界合作，企业可以汲取不同领域的智慧与经验，加速创新进

程，提升行业整体的技术水平和竞争力。

最后，推动行业标准和规范化建设是企业应尽的社会责任。企业应积极参与行业标准和规范的制定工作，推动行业标准化、规范化进程。这不仅有助于提升行业内企业的管理水平，还能为消费者提供更加优质、安全的产品和服务，从而赢得更广泛的市场认可。

（二）强化目的性与计划性，确保企业发展稳健前行

在未来的企业工商管理中，强化目的性与计划性对于企业的长远发展至关重要。企业应明确自身的发展目标和愿景，确保发展方向的准确性和前瞻性。

首先，企业需要制定具体、可行且具有挑战性的目标。这些目标应涵盖经济效益、社会效益和环境效益等多个方面，以全面反映企业的综合价值追求。同时，企业愿景应作为未来发展的灯塔，激励员工不断追求卓越，吸引客户关注与信赖。

其次，在明确目标的基础上，企业需要制订全面、周密的发展计划。这些计划应涵盖市场营销、产品研发、人力资源、财务管理等多个领域，确保企业在各个方面都能有序发展。计划中应明确目标实现的时间表、资源需求、风险评估等关键要素，以确保计划的可行性和可操作性。

最后，计划的执行和监控同样重要。企业应建立完善的执行机制和监控体系，确保计划能够得到有效落实。通过制定绩效指标、实施绩效考核、建立内部控制等方式，企业可以及时发现并纠正计划执行过程中的偏差，确保企业始终沿着既定的目标稳步前行。

（三）深化企业文化建设，铸就企业发展之魂

企业文化作为企业的灵魂，对于企业的长远发展和持续竞争力具有不可估量的价值。在未来的企业工商管理中，企业必须高度重视企业文化建设。

首先，企业应结合自身特点和行业特色，制定独具特色的企业文化建设方案。这一方案应明确企业文化的理念、目标、价值观和行为准则等核心要素，为企业文化建设提供清晰的指引。同时，企业应将企业文化理念融入日常管理和业务运营中，使其成为企业行为的内在驱动力和指导思想。

其次，加强对员工的文化教育和培训是企业文化建设的关键环节。企业应定期组织员工参加文化培训活动，提升员工的文化素质和企业文化认同度。通过培训，员工可以更加深入地理解企业文化的内涵和价值，从而更好地融入企业文化中，为企业的发展贡献自己的力量。

最后，企业应注重与社会的文化交流与互动。通过积极参与社会公益活

动、举办文化沙龙等方式，企业可以展示自身的文化底蕴和社会责任感，树立良好的企业形象。同时，这些活动也有助于提升企业文化的影响力和号召力，吸引更多志同道合的人才加入企业，共同推动企业的持续发展。

三、企业工商管理的未来发展路径

（一）完善组织架构

完善组织架构对于推动企业实现管理方式的科学化、高效化与协调性至关重要，它不仅能够显著提升企业的管理水平，还能极大优化运营效率。在这一过程中，信息化手段的应用无疑成了不可或缺的关键要素，为组织架构的完善提供了强有力的技术支撑。

首先，在信息共享与管理方面，企业通过构建一套科学而全面的信息系统，能够打破部门间的信息壁垒，实现组织内部信息的无缝流通与高效管理。以企业资源计划系统为例，它能够整合企业各部门的数据资源，实现信息的实时共享与协同办公，从而大幅提升工作效率。同时，借助大数据与云计算技术的强大能力，企业还能更加精准地管理海量信息与数据，为决策层提供更为准确、全面的数据支持，助力企业做出更加明智的决策。

其次，在优化管理流程与提升管理效率方面，信息化手段同样发挥着举足轻重的作用。通过运用电子表格、流程图等数字化工具，企业能够轻松实现管理流程的标准化、自动化与信息化，从而有效减少人为错误，提高管理效率。此外，随着人工智能等前沿技术的不断成熟与普及，企业还能借助这些智能技术实现管理决策的自动化与智能化，进一步提升决策的准确性与响应速度，确保企业在激烈的市场竞争中始终占据先机。

最后，在管理的可视化呈现方面，信息化手段同样为企业带来了前所未有的便捷与高效。通过采用数据可视化技术，企业能够将复杂的运营情况与业务数据以直观、易懂的方式呈现出来，帮助管理层迅速洞察问题所在，并及时做出调整与优化。同时，结合物联网、传感器等先进技术，企业还能实现对设备、仓库等各环节的实时监控与精准管理，从而大幅度提升管理的可控性与精细化水平，为企业的持续稳健发展奠定坚实基础。

（二）建立有效的权责体系

建立有效的权责体系是企业管理中的基石，它不仅能够清晰界定各部门、岗位之间的职责和权利，还能在这些职责和权利之间构建起一套合理的协作机制，进而全面提升企业的管理效率和运营效益。

1. 精细化岗位职责

岗位职责的设立与规范，是确保企业工作流程顺畅推进和成果有效输出的关键所在，尤其在复杂多变的企业管理环境中，其重要性更为凸显。具体而言，应涵盖以下几个方面。

①明确目标与职责：每个岗位的职责需要与工作目标紧密相连，清晰界定每位员工应承担的职责、任务以及完成任务的时间节点和质量标准。同时，建立目标管理机制，确保员工工作与企业整体战略目标保持高度一致，形成合力。

②合理分配职责：在设定岗位职责时，应遵循"专业对口、能力匹配、任务明确、目标一致"的原则，科学分配工作量和工作难度，既避免员工超负荷工作，也防止资源闲置，从而激发员工的最大潜能和创造力。

③突出工作重点：企业应根据岗位职责的重要性和紧急程度，设定不同的优先级，引导员工聚焦核心问题，提升工作效率。这包括识别业务流程中的关键节点，如生产流程中的瓶颈环节以及销售过程中的订单和客户问题，确保这些问题得到及时处理。同时，根据问题的紧急程度灵活调整处理顺序，确保紧急事项得到优先解决。

④动态调整岗位职责：面对内外部环境的变化，企业应灵活调整岗位职责，保持组织的适应性和灵活性。在调整过程中，应充分听取员工意见，确保员工对新职责有充分理解和认同，从而顺利过渡并发挥最佳效能。

2. 构建完善的权责流程体系

权责流程体系的建立是企业工商管理不可或缺的一环，对于提升管理水平、加速决策过程、提高工作效率具有深远意义。在构建权责流程体系时，应重点关注以下几个方面。

①设计清晰流程图：流程图是权责流程的直观体现，应根据企业实际运营情况，设计简洁明了、易于操作的流程图。流程图应涵盖每个环节的工作内容、时间节点、责任人等关键信息，确保员工能够迅速理解并遵循。

②编制权责清单：权责清单是权责流程的核心文档，需详细列出每个岗位的工作职责、权限范围以及工作流程，确保职责清晰、权限明确，避免职责重叠或遗漏。

③细化工作流程：在权责流程中，工作流程是实现目标的具体路径。应详细描述每个环节的操作步骤、时间要求、质量标准以及监控措施，确保工作流

程的高效执行和可控性。

④定期评估与优化：权责流程体系并非一成不变的，而应随着企业发展和市场变化不断调整和优化。企业应定期评估流程体系的运行效果，针对发现的问题和不足，及时制定改进措施，确保流程体系始终保持高效、灵活和适应性。持续的评估与优化推动了企业管理水平的不断提升和运营效益的持续增长。

3. 完善决策机制，奠定企业发展基石

决策机制作为企业发展的核心驱动力，其完善与否直接关系到企业的长期稳定和竞争优势。为了构建一套科学、高效的决策体系，企业需从多个层面入手，全面提升决策的质量和效率。

首先，制定详尽的决策流程是完善决策机制的基础。企业应结合自身的业务特点和市场环境，设计出一套清晰、合理的决策流程。这一流程应明确各个决策阶段的程序、决策节点以及相应的决策标准，确保管理者在面对复杂多变的市场环境时，能够迅速、准确地做出决策。同时，流程的设计还需注重可操作性，确保决策能够顺利转化为实际行动。

其次，确立明确的决策原则和程序是保障决策质量的关键。企业应制定一套完善的决策原则和程序，明确决策的标准和依据，避免主观臆断和盲目决策。在决策过程中，企业应遵循公平、公正、公开的原则，确保所有相关方的利益得到充分考虑。同时，通过制定详细的决策程序，企业可以规范决策过程，降低决策失误的风险。

再次，明确决策权力和责任是完善决策机制的重要一环。企业应在决策流程中明确各级管理者的权力和责任，确保决策能够被及时、准确地做出，并对决策结果负责。通过建立明确的责任体系，企业可以激发管理者的责任感和使命感，提高他们参与决策的积极性。

最后，为了进一步提升决策的科学性和有效性，企业还应建立决策评估与反馈机制。通过对决策过程进行定期评估，企业可以及时发现并纠正决策中存在的问题，不断优化决策流程。同时，通过收集员工和客户的反馈意见，企业可以更加全面地了解市场需求和变化，为未来的决策提供更加准确的依据。

4. 加强沟通协作，打造高效团队

良好的沟通协作机制是企业各部门之间协调和配合的重要保障，也是提升企业核心竞争力的关键。为了构建更加紧密、高效的沟通协作体系，企业应从以下几个方面入手。

首先，建立部门之间、上下级之间的有效沟通协作机制是首要任务。企业应通过定期召开工作会议、建立联络机制等方式，确保部门之间和上下级之间的信息畅通无阻。这些会议和机制不仅有助于及时传达和解读公司政策、目标等信息，还能促进各部门之间的经验分享和协作配合，共同推动企业发展。

其次，拓展日常协作和交流的渠道是加强沟通协作的重要途径。企业可以利用内部网络、邮件、短信等多种沟通工具，为员工提供便捷、高效的交流渠道。这些渠道不仅有助于员工之间的日常沟通和协作，还能在紧急情况下迅速传递信息，确保企业能够迅速应对各种挑战。

再次，提升员工的沟通技巧和协作能力是加强沟通协作的关键环节。企业应加强对员工沟通能力的培训，通过举办沟通技巧讲座、团队协作训练等活动，提高员工的沟通技巧和协作能力。同时，企业还应注重团队建设，通过组织团建活动、建立共同愿景等方式，增强员工的集体意识和协作精神。

最后，建立健全的沟通和反馈机制是完善沟通协作体系的必要保障。企业应建立有效的沟通和反馈评估机制，及时收集员工和客户的反馈意见，并针对这些意见进行深入分析和改进。通过不断优化沟通流程和协作方式，企业可以更加准确地了解员工和客户的需求和期望，为提升服务质量和客户满意度奠定坚实基础。

（三）全面提升财务管理水平以增强企业竞争力

提升财务管理水平是企业实现稳健经营、持续发展的关键所在。它不仅能帮助企业精准把握自身财务状况，还能为预算规划、决策制定提供有力支持，进而有效降低经营风险，提升经济效益。具体来说，企业可从以下几个方面着手：

首先，构建完善的会计制度与财务报表体系是提升财务管理水平的基石。会计制度作为财务管理的核心框架，应涵盖会计政策、核算方法、报告制度等多个层面。以某餐饮企业为例，该企业通过升级会计制度，实现了从手工记账到电子化记账的跨越，同时建立了全面、准确的财务报表体系，不仅提升了财务数据的处理效率，还确保了对企业财务状况的真实反映，为管理层提供了可靠的决策依据。

其次，强化成本控制与预算管理是提升财务管理水平的重要途径。成本控制关乎企业的盈利空间，通过精细化管理，企业能够精确核算成本，找到降低成本的潜力点。以某服装企业为例，该企业通过实施精细化管理，对生产过程中的各项成本进行了严格核算与控制，有效降低了生产成本，提升了整体盈利水平。同时，预算管理作为企业财务管理的一个重要环节，通过科学编制预算、严格预算执行与监控，能够确保企业资源的合理配置与高效利用。

最后，加强财务风险管理是提升财务管理水平不可或缺的一环。面对汇率波动、市场风险等多重挑战，企业必须建立起完善的风险管理机制，制定科学合理的风险管理策略与方案。以某跨国企业为例，该企业针对汇率波动风险，灵活运用外汇远期合约等风险管理工具，有效对冲了汇率风险，保障了企业财务安全。

（四）强化企业品牌意识以塑造独特品牌形象

在企业工商管理工作中，提升品牌意识、塑造独特品牌形象对于增强企业竞争力具有至关重要的意义。具体来说，企业可从以下几个方面入手：

首先，明确品牌定位与形象塑造是提升企业品牌意识的基础。品牌定位应基于企业战略目标、市场需求与消费者心理，确定品牌的目标市场、核心特征与文化内涵。以某运动品牌企业为例，该企业通过重新审视品牌定位，明确了自身作为高品质、创新性运动品牌的形象，并通过一系列品牌传播活动，成功提升了消费者对品牌的认知与好感度。

其次，加强品牌宣传与推广是提升企业品牌意识的关键。企业应采用多元化的宣传渠道与手段，如电视广告、网络推广、线下活动策划等，全面提升品牌的知名度与美誉度。以某电子产品企业为例，该企业通过整合线上线下资源，开展了一系列富有创意的品牌宣传活动，不仅增加了品牌的曝光率，还成功吸引了大量潜在消费者的关注。

最后，加强品牌管理与保护是提升企业品牌意识的保障。企业应建立健全品牌管理体系，包括品牌形象保护、口碑管理、专利保护等多个方面。以某餐饮企业为例，该企业通过引入品牌管理软件，建立了完善的品牌口碑监控系统，能够及时发现并解决品牌问题，有效维护了品牌形象与价值。同时，企业还应积极申请并保护品牌专利，防止品牌被侵权，确保品牌资产的长期安全与增值。

（五）建立先进工商模式，引领企业未来发展

在企业工商管理领域，构建先进的工商模式是推动企业持续进步、提升核心竞争力的关键所在。这一模式的建立，不仅能够帮助企业优化经营管理水平，实现生产流程与服务质量的全面提升，还能有效降低运营成本，提高整体效益，为企业的长远发展奠定坚实基础。

首先，引入先进技术和设备是建立先进工商模式的基石。在科技日新月异的今天，企业应紧跟时代步伐，积极引进国内外领先的自动化生产设备与技

术，如智能制造系统、物联网技术等。这些先进技术与设备的引入，不仅能显著提升生产效率与产品质量，还能为企业带来数字化、智能化的生产模式，助力企业在激烈的市场竞争中脱颖而出。以某机械企业为例，通过引进自动化生产线与智能控制系统，不仅实现了生产过程的精准控制，还大幅提高了产品的一致性与稳定性，为企业的快速发展提供了有力支撑。

其次，优化管理流程与服务质量是构建先进工商模式不可或缺的一环。企业应深入剖析现有管理流程中的瓶颈与不足，通过引入精益管理、六西格玛等先进管理理念，对生产、销售、物流等各个环节进行精细化改造。同时，企业应高度重视服务质量的提升，从客户需求预测、产品设计、生产交付到售后服务，建立全流程的质量控制与服务体系。以某酒店企业为例，通过实施全面的管理流程优化与服务升级策略，不仅提升了客户体验与满意度，还增强了品牌的市场影响力与美誉度。

最后，创新经营模式与发展新业态是建立先进工商模式的重要途径。面对日益多变的市场环境与消费者需求，企业应勇于尝试新的经营模式与业务形态，如社交电商、直播带货、共享经济等。这些新兴业态不仅能够满足消费者日益个性化的消费需求，还能为企业开辟新的市场空间与增长点。以某家电企业为例，通过不断探索与实践，成功将传统家电销售模式与新兴业态相结合，不仅提升了产品的市场渗透率，还为企业带来了可观的业绩增长。

企业工商管理在现代企业发展中的重要性不言而喻。面对市场经济的发展与竞争的加剧，企业必须顺应时代发展潮流，积极拥抱新技术、新理念以及新方法，以建立先进的工商模式为突破口，全面提升企业的管理水平与核心竞争力。未来，随着数字化、智能化、绿色化等趋势的不断发展，企业工商管理将迎来更多的挑战与机遇。唯有不断创新与进取，才能在激烈的市场竞争中立于不败之地，引领企业走向更加辉煌的明天。

第二节　事业单位工商管理的未来发展方向

一、深入剖析事业单位工商管理的核心价值与意义

事业单位，作为政府机关的重要分支机构，承载着为社会公众提供公共性服务的重任，在经济社会的蓬勃发展中扮演着举足轻重的角色。在当前我国经济快速发展的时代背景下，事业单位面临着前所未有的机遇与挑战。为了在新

环境下实现稳健发展，事业单位必须立足自身实际，充分考量资源条件与发展状况，从多维度出发，积极推行改革与优化措施。然而，鉴于事业单位管理组织的复杂性，工商管理工作的推进显得尤为关键。事业单位需做好充分准备，致力于简化管理流程，提升管理水平，确保资源的高效配置与利用，从而全面提升工作效率，充分发挥事业单位工商管理的核心价值。

工商管理对于事业单位而言，不仅关乎内部管理的规范化与高效化，更是推动事业单位创新发展、提升服务质量的强大动力。通过工商管理，事业单位能够更好地适应市场变化，满足公众需求，实现社会效益与经济效益的双重提升。

二、明确事业单位工商管理的核心原则与实践路径

（一）依法行政：确保管理行为的合法性与规范性

依法行政是事业单位工商管理必须坚守的底线原则，也是保障事业单位工作顺利开展的关键因素。具体而言，事业单位应着重从以下两个方面着手。

1. 强化监督管控，完善监督流程

事业单位应建立健全监督体系，加强对事前、事中、事后的全方位监督，确保各项管理活动都在法律框架内有序进行。通过优化监督流程，及时发现并纠正违规行为，有效规范单位人员的工作行为。

2. 加大法治宣传，提升法律意识

事业单位应充分利用互联网等现代信息工具，广泛开展法治宣传教育活动，提升全体员工的法律意识与法治观念。通过思想引导与舆论造势，促使事业单位在管理工作中严格遵守法律法规，确保单位发展始终沿着正确的法治轨道前进。

（二）实事求是：秉持务实态度，解决实际问题

实事求是是事业单位开展所有工作的基本准则，也是工商管理工作的灵魂所在。在工商管理实践中，事业单位应坚持从实际出发，遵循客观规律，以务实的态度面对工作中遇到的各类问题与挑战。

1. 深入调研，把握实际

事业单位应加强对实际情况的调研与分析，准确把握单位发展的现状与趋势，为制定科学合理的工商管理策略提供有力支撑。

2. 强化能力，解决问题

事业单位应注重提升部门成员解决实际问题的能力，通过培训、交流等方式，不断提升员工的业务素养与综合素质。同时，树立单位良好的社会形象，赢得公众的信任与支持。

3. 落实精神，激发活力

事业单位应坚决杜绝敷衍了事、应付差事的不良风气，通过建立健全绩效考核机制，激发员工的工作积极性与创造力。结合单位实际，制定针对性措施，切实解决工商管理中的实际问题，推动事业单位持续健康发展。

三、优化事业单位工商管理的具体措施

（一）完善工商管理制度，构建高效管理体系

完善的工商管理制度是事业单位管理工作有序进行的基石，也是推动事业单位持续发展的重要保障。事业单位应秉持与时俱进的心态，积极应对内外环境的变化，根据工商管理工作的实际反馈，不断优化和调整管理制度，以确保其能够紧密契合当前的管理环境，为单位成员提供明确、有效的指导。

首先，在学习制度方面，事业单位应充分认识到学习对于提升工商管理水平的重要性。面对新时期内外环境的深刻变化，传统的制度内容和人员能力已难以满足当前的管理需求。因此，事业单位应制定全面、系统的学习制度，以满足人员培训活动的需求。这一制度应兼顾普遍性和个性化，既要组织全体人员参与信息技术和工商管理理论的统一培训，又要根据个人的培训成果和实际需求，进行有针对性的补足和提升。通过持续的学习和培训，不断提升人员的专业素养和管理能力，为工商管理工作的顺利开展提供有力支持。

其次，在文件制度方面，事业单位应加强对文件审批和传输过程的监管。相关人员需对文件的传输渠道和去向进行全程跟踪监督，确保所有文件都能得到及时、有效的处理，避免积压和拖延现象的发生。同时，事业单位还应建立完善的文件批复机制，确保工商管理项目能够及时得到批复，避免因文件处理

延误而影响项目的实施进度。通过优化文件制度，提高文件处理的效率和质量，为工商管理工作的顺利进行提供有力保障。

最后，在财务管理制度方面，事业单位应构建完善的财务管理体系，为工商管理项目的实施提供可靠的资源支持。在使用专项资金之前，事业单位应严格按照预算编制程序进行预算编制，确保预算编制的严肃性和准确性。在预算执行过程中，如需对预算进行调整，必须遵守编制调整程序，确保预算的合规性和有效性。同时，事业单位还应加强对预算资金使用的监督管控，确保所有原始凭证的真实性和合法性，对错误的会计数据及时进行更正和处理。此外，事业单位还应加强对费用报销的合理控制，做好成本费用的统计工作，并将责任落实到相关人员身上，以此加大既定方案的执行力度，确保财务管理制度的有效实施。

（二） 明确权责范围，促进部门高效协作

事业单位内部部门众多，各部门之间需要明确分工、各司其职，以促进部门之间工作的高效对接和协调合作。明确部门成员权责范围的重要性不言而喻，它是确保事业单位工商管理工作顺利进行的关键。

首先，事业单位应加强部门成员之间的协调沟通意识。通过思想宣传和教育引导，使部门成员充分认识到工商管理是一项系统性工作，需要各部门之间的紧密配合和协作。在此过程中，各部门应相互提供必要的信息资源支持，共同推动工商管理工作的有序进行。单位领导应发挥带头作用，加强思想宣传工作，破除部门各自为政的思维方式，动员部门负责人积极参与交流互动，为人员的责任确认和开展合作奠定坚实基础。

其次，事业单位应加强内部控制建设。通过引入内部控制工具和方法，对相关部门和人员的责任范围进行明确划分，使其处于相互监督制约的工作环境中。在此基础上，事业单位可以进一步确认和落实各部门的权责范围，确保各部门能够按照既定的职责和权限开展工作。通过加强内部控制建设，事业单位可以实现整体管控和协调配合，提高工商管理工作的效率和质量。同时，这也有助于激发部门成员的积极性和创造力，推动事业单位的持续进步和发展。

（三） 全面提升工商管理人员专业素养，打造高素质管理团队

工商管理人员的专业素养直接关系到工商管理工作的推进效果与成败，因此，事业单位必须将提升工商管理人员专业素养作为重中之重，为工商管理工作的顺利推进奠定坚实的人才基础。为了实现这一目标，事业单位可以采取线上线下相结合的培训模式，对工商管理人员进行全方位、多层次的技术培训。

在线下培训方面，事业单位应基于自身的实际管理状况，精心策划并制订科学合理的培训计划。培训时间应灵活安排，充分考虑工商管理人员的工作时间，尽量利用工作之余进行，以确保所有成员都能参与到培训中来。对于新入职的工商管理人员，更应提前组织专项培训，帮助他们快速融入团队，掌握必备技能。培训结束后，应组织结课考试，通过绩效考核评价来检验培训成果，同时激发工商管理人员的学习热情和积极性。

在线上培训方面，随着信息技术的迅猛发展，事业单位应充分利用这一优势，打造高效便捷的线上培训平台。为了确保线上培训的效果，应设置严格的考勤打卡机制，要求培训人员按时参加，并全程参与。同时，根据工商管理人员的能力差异和需求，提供个性化和针对性的培训内容，充分发挥线上培训的灵活性和互动性。通过图文、视频、音频等多种媒介形式来呈现培训内容，加强与培训学员的互动交流，及时解答疑问，提升培训效果。

（四）构建科学工商管理理念，引领事业单位创新发展

科学的工商管理理念是事业单位实现管理目标、推动改革发展的重要基石。为了更好地适应当前复杂多变的发展环境，事业单位必须不断更新和革新工商管理理念，具体措施如下。

首先，明确自我认知，确立工商管理目标。事业单位在开展工商管理工作之前，应深入剖析自身的优势和劣势，明确工商管理工作的核心目标和方向。以此为基础，对工商管理流程进行简化和细化，提升管理效率。通过加强内部沟通和协作，确保全体成员对工商管理目标有清晰的认识和共同的理解，从而形成强大的合力。

其次，具备长远战略思维，持续完善工商管理模式。工商管理的改革工作并非一蹴而就，而是需要长期投入资源和精力进行不断完善和精进。事业单位应树立长远战略思维，将工商管理改革纳入单位发展的整体规划中，确保工商管理模式能够持续适应市场变化和单位发展的需求。通过定期评估和调整工商管理策略，及时发现问题并采取措施加以解决，确保工商管理模式始终保持旺盛的生命力和创新力，为事业单位的长期发展提供有力支撑。

（五）加强工商管理创新，推动事业单位转型升级

改革创新是事业单位持续发展的核心动力，也是提升事业单位竞争力和塑造良好形象的关键因素。在新时代背景下，工商管理创新对于事业单位的未来发展具有举足轻重的地位。为了实现这一目标，事业单位需从以下几个方面着手。

第一，深化工商管理科技创新。事业单位应充分认识到科技在工商管理中的重要作用，积极将先进科技融入工商管理实践，推动传统工商管理模式的转型升级。这要求事业单位从战略高度出发，加强科技与工商管理的深度融合，通过引入智能化、数字化等先进技术手段，提升工商管理的效率和准确性。同时，事业单位应明确自身的资源配置状况，将有限资源精准投入工商管理创新中，为创新活动提供坚实的物质基础。通过不断的技术革新和应用，事业单位能够更有效地应对市场变化，提升整体竞争力。

第二，强化领导决策的科学性与前瞻性。工商管理要发挥实效，必须建立在科学决策的基础之上。事业单位应树立正确的工商管理思维，将工商管理理念贯穿于业务活动的始终。通过加强部门间的信息共享与沟通协作，事业单位能够全面了解各部门的工作进展和存在的问题，为领导层制定科学决策提供有力支撑。此外，事业单位还应根据外部环境的变化和市场需求的调整，不断优化和完善工商管理策略，确保管理模式的与时俱进和有效性。

第三，完善工商管理体系，提升管理效能。事业单位领导的思想认知对工商管理工作的推进具有决定性影响。因此，事业单位应加大管理创新力度，不断拓宽发展视野，夯实理论知识基础，并掌握最新的管理方法和技术。在此基础上，事业单位应对组织机构进行合理调整和优化，实现人岗的高度匹配，减少冗余岗位设置，降低管理成本。同时，通过建立健全的工商管理体系，事业单位能够更高效地整合内部资源，提升整体管理水平。

第四，创新工作管理模式，激发发展潜能。事业单位要实现健康长远发展，就必须不断探索和创新工商管理模式。这包括将单位的技术优势和资源优势进行有效整合，充分发挥信息技术的潜力，通过大数据分析、云计算等技术手段，深入了解市场发展趋势和工商管理环境的变化。事业单位应明确自身的发展优势和劣势，针对性地完善管理机制，并根据工作反馈结果对工商管理模式进行快速迭代和升级。通过持续的创新和改进，事业单位能够不断提升自身的适应能力和竞争力，为未来的长远发展奠定坚实基础。

事业单位实施工商管理对于提升整体管理水平、优化资源配置和发挥职能作用具有重要意义。为了促进单位的健康长远发展，事业单位应积极探索工商管理的未来方向，不断完善工商管理制度体系，明确权责范围，提升人员专业素养，树立先进的工商管理理念，并加强工商管理创新。通过不断探索和实践新的管理方法和制度体系，事业单位能够在工商管理领域实现创新性发展，为自身的持续进步和转型升级注入强大动力。

参考文献

[1] 朱红波, 叶维璇. 管理会计 [M]. 北京: 北京理工大学出版社, 2019.

[2] 陈剑. 产业集群知识管理与创新研究 [M]. 北京: 中国经济出版社, 2019.

[3] 陈沉, 肖鑫, 陈越. 管理会计教学案例 [M]. 广州: 华南理工大学出版社, 2019.

[4] 田广, 陶克涛, 吕力. 管理人类学 [M]. 银川: 宁夏人民出版社, 2019.

[5] 吴志兴. 地方高校工商管理专业应用型人才培养模式研究 [M]. 沈阳: 辽宁大学出版社, 2020.

[6] 左芊, 彭艺. 工商企业管理 [M]. 长沙: 湖南大学出版社, 2020.

[7] 葛洪雨, 常文超. 工商管理专业教学改革实践探索 [M]. 西安: 西北工业大学出版社, 2020.

[8] 何月霓. 工商管理专业创新能力培养 [M]. 长春: 吉林出版集团股份有限公司, 2020.

[9] 李晶, 杨轶然, 刘威达. 市场营销渠道建设与工商管理 [M]. 长春: 吉林人民出版社, 2021.

[10] 李贝贝, 周莎莎. 工商管理与经济统计分析研究 [M]. 长春: 吉林科学技术出版社, 2021.

[11] 欧丽慧. 工商管理硕士案例教学模式研究 [M]. 上海: 上海财经大学出版社, 2021.

[12] 何建佳, 张峥, 于茂荐. 新商科本科实践教学体系的构建与探索 [M]. 上海: 上海财经大学出版社, 2021.

[13] 梁春树. 工商管理综合案例分析 [M]. 成都: 电子科技大学出版社, 2021.

[14] 邹剑峰. 工商管理专业综合实训教程 [M]. 成都: 电子科技大学出版社, 2021.

[15] 马岳, 辉宇. 工商管理专业课程实践教学案例集 [M]. 北京: 北京理工大学出版社, 2022.

[16] 王娟叶, 王琳, 江森. 工商管理理论与实践 [M]. 北京: 中国原子能出版社, 2022.

[17] 岳志春, 张晓蕊, 郭彩云. 工商管理导论 [M]. 北京: 北京理工大学出版社, 2022.

[18] 刘志成. 销售管理理论与实务 [M]. 北京: 中国商业出版社, 2022.

[19] 龙敏, 黄叙. 财务管理 [M]. 成都: 四川大学出版社, 2022.

[20] 蔚文利. 网络经济与管理研究 [M]. 长春: 吉林出版集团股份有限公司, 2022.

[21] 王成, 李明明. 经济管理创新研究 [M]. 北京: 中国商务出版社, 2023.

［22］李自杰. 管理经济学［M］. 北京：对外经济贸易大学出版社，2023.

［23］王婷. 运营管理案例［M］. 重庆：重庆大学出版社，2023.

［24］韦国潭，周国忠. 高等职业学校全员全过程全方位育人"浙旅探索"［M］. 北京：旅游教育出版社，2023.

［25］丁杰. 金融科技学［M］. 北京：北京理工大学出版社，2023.

［26］孔莉，余虹. 工商管理实践案例探究［M］. 昆明：云南大学出版社，2024.

［27］车志慧. 工商管理专业与应用型人才培养［M］. 北京：中国建材工业出版社，2024.

［28］郑伟，司冬梅，李海军. 现代企业工商管理模式的创新发展策略研究［M］. 哈尔滨：哈尔滨出版社，2023.

［29］韩震. 国际企业管理［M］. 沈阳：东北财经大学出版社，2024.